LIBRO DE COCINA
NATURHOUSE

NATURHOUSE
Nutrición y Dietética

NATURHOUSE
Rector Triador, 94
08014 Barcelona

ISBN: *84-920607-1-9*
Dep. Legal: *B-16476-02*
Fotografía: *Joan Enric, Marc Vergés*
Diseño gráfico: *JST Comunicació Gràfica*
Producción: *Domènec Pujades*
Preimpresión/digitalización: Insolación Replyk. S. L.
Impresión: Eurográfica *Sant Vicenç*
Encuadernación: Bardenas

LIBRO DE COCINA
NATURHOUSE

ÍNDICE

PRÓLOGO

Cuando el Servicio de Medicina del Hospital de la Santa Cruz y San Pablo estaba bajo nuestra dirección, iniciamos en España la permanencia de un Departamento de Dietética con su correspondiente instrumental culinario que, independiente de la cocina central, funcionaba bajo la dirección de una dietista especializada, que seguía las indicaciones de las dietas de los enfermos necesitados de un régimen alimenticio determinado, solicitado por el médico de la sala que atendía al enfermo.

En este mismo Servicio de Medicina se iniciaron los cursos anuales de dietética clínica, que fueron desarrollándose durante los años que tuvimos a nuestro cargo la dirección de dicho Servicio de Medicina. Esto es motivo para que la presentación de este libro sea para nosotros de gran agrado.

La dietética está recobrando su actualidad y son muy numerosos los artículos, libros y folletos que de ello tratan. En épocas remotas, la dietética era casi el único medio de tratamiento del que se valían los médicos para tratar a sus enfermos.

Recordemos la definición de Mc Lester, en la cual decía que la nutrición es la resultante de los cambios metabólicos del ser vivo.

Para establecer un régimen dietético debemos recordar las reglas generales que han sido formuladas de un modo definitivo por Mouriquand y M. de Randoin, que vienen a constituir las leyes fundamentales de la fisiología alimentaria.

1.º La ración alimenticia debe aportar diariamente una cierta cantidad de energía necesaria para el funcionamiento del organismo.

2.º Dicha ración debe aportar diariamente todos los principios no energéticos indispensables para la vida.

3.º Dichos principios alimenticios energéticos y no energéticos deben estar en proporciones determinadas, correctamente equilibrados.

Escudero ya había iniciado el conocimiento de dichas leyes y, según él, todos los regímenes deben adaptarse a estas cuatro condiciones: suficiente, completo, armónico y adecuado. Esta última condición es la que da la característica clínica a la dietética y la individualiza. La adecuación se refiere a las condiciones físicas (cantidad, calidad, temperatura, etc.) diferentes para cada modalidad fisiopatológica del enfermo.

Cuando Proust, un poco más tarde, describe los tres elementos fundamentales de la alimentación, que él llama principios inmediatos, y que dice están constituidos por hidratos de carbono, proteínas y lípidos, lo que hace es realmente rendir el tributo auténtico de admiración al que hace más de un siglo y medio empezó ya a tener estas ideas básicas. Más tarde, Von Liebig demuestra que en los átomos cuaternarios, además del carbono, el nitrógeno forma parte de la materia viviente.

Después de los estudios de Volt y Pettenkofer del catabolismo clínico y del catabolismo celular, queda cerrado el siglo

XVIII con los estudios que en aquella época realizaba, admirándose el mundo, Claude Bernard sobre la digestión y la asimilación. El siglo XIX se caracteriza por ser un período analítico y es en este período cuando se empieza a hablar de calorías y de condiciones y necesidades energéticas. Richet (padre) y Rubner establecen la importancia de la superficie del cuerpo como medida o como ayuda a la medida del metabolismo en general. Después, aprovechan estos estudios de la superficie del cuerpo Dubois y Benedit, quienes establecen de entonces para siempre unas tablas que todos usamos todavía para saber y medir la superficie del cuerpo en relación con el peso, la talla y la edad, e inauguran con ello la etapa del metabolismo basal. Aparece un hombre genial, que es Atwater, que nada menos que a finales del siglo pasado da el número de calorías necesarias al día para el individuo normal y sano: 2.700 Kcal. Además, Atwater da la cifra también necesaria de proteínas para el organismo sano en 24 horas, entonces (hace más de un siglo) de 100 g por persona y día. Estas dos cifras no han variado en un siglo y medio.

Más tarde viene la época del conocimiento de los aminoácidos en su intervención en nuestro metabolismo y en nuestra nutrición, y fue Boussingault quien estudió el metabolismo del yodo y la necesidad de éste en los individuos con bocio.

Después se estudiaron las necesidades de estroncio, magnesio, manganeso, etc. En aquella época, Ringer, que todos conocemos, ideó su célebre suero polivalente a base de variados cationes. Hoy día vuelve a estar en auge demostrando que el suero fisiológico vulgar del cloruro sódico y agua es suficiente para mantener la isotonía biológica de nuestro medio interno.

El término vitamina se debe al bioquímico polaco Funk. En 1911, Funk estudiaba las enfermedades que podían ser debidas a deficiencias en la dieta de sustancias esenciales para la vida. Halló en la levadura y en el arroz entero una sustancia que resultó ser eficaz frente al beriberi y la denominó vitamina, nombre compuesto derivado de "vita" (vida) y "amina" (químicamente, es una base orgánica nitrogenada). Poco a poco se descubrieron otras sustancias activas, y aunque más adelante se averiguó que algunas de ellas no contenían ningún nitrógeno, el nombre de vitaminas se había ya arraigado y siguió manteniéndose. Serían ya conocidas para siempre como vitaminas, con una letra alfabética y a veces un número para designar a cada una de ellas.

Más adelante, Mc Callum describe las vitaminas hidrosolubles y las liposolubles. Esto significó un paso gigantesco en la historia de la asimilación de las vitaminas en la ciencia de la nutrición.

Escher hace el experimento de estudiar el peso de un perro alimentado exclusivamente de gelatina; el perro decrece moderadamente hasta que se le añade tirosina. Este descubrimiento es trascendental.

En este pequeño resumen no hacemos más que citar los grandes hechos que marcan épocas en la ciencia de la nutrición, demostrando que los aminoácidos, por lo tanto, son parte no sólo esencial sino insustituible en el efecto de las albúminas. Una proteína es tanto más activa y útil cuantos más aminoácidos esenciales contenga. Se denomina aminoácidos esenciales a aquellos cuya síntesis corporal es inadecuada para satisfacer las necesidades metabólicas y por lo tanto deben ser suplementados como parte de la dieta. La ausencia e ingesta inadecuada de cualquiera de estos aminoácidos conduce a un balance nitrogenado negativo, pérdida de peso, falta de crecimiento en lactantes y niños así como síntomas clínicos. Los restantes aminoácidos no esenciales son igualmente importantes para la estructura proteica; sin embargo, el organismo es capaz de sintetizarlos a partir de aminoácidos esenciales o a partir de precursores apropiados de carbono y nitrógeno fácilmente creados en la célula.

Pero los materiales que proporcionan estos cambios metabólicos no son otra cosa que los alimentos que ingerimos cada día y que debido a su variedad suplen las necesidades vitales, y gracias a su palatabilidad nos son apetecibles. Por eso, la dietética es una ciencia en cuanto que establece reglas de equilibrio en su reparto y calidad, según las necesidades del hombre sano o enfermo, y es un arte por cuanto propone normas casi siempre derivadas de la tradición para su administración sabrosa.

La dietética estudia este conjunto de conocimientos para lograr un equilibrio en nuestra nutrición frente a la vida normal, atiende a suplir las deficiencias de asimilación, que equivaldrían a inanición, y por esto la aplicación práctica de la dietética debe estar de acuerdo con los conocimientos teóricos de la ciencia de la nutrición.

Es la diferencia que señalamos entre dietólogos y dietistas. Aquéllos establecen y ordenan los alimentos energéticos y no energéticos indispensables, y éstos los realizan, es decir, los preparan para ser ingeridos halagando el paladar. Es la misma relación que existe entre el terapeuta y el farmacéutico.

Así, creemos que se podría establecer una primera clasificación dietética en regímenes normales: aquellos que reúnen estas cuatro condiciones, y dietoterápicos, o sea, aquéllos encaminados a corregir tal o cual deficiencia o defecto metabólico. Por ejemplo, en el diabético será desequilibrado el régimen en cuanto disminuimos los hidratos de carbono; así como en los hepáticos el desequilibrio consistirá en la disminución de lípidos; en los renales, la decloruración; en los obesos, la disminución de las grasas y glúcidos, etc. Estos regímenes son dietoterápicos porque atienden las necesidades de un trastorno metabólico o funcional de un sistema u órgano determinado. Esta deficiencia, o este régimen "incompleto", servirá para suplir los efectos en el metabolismo del individuo enfermo.

Ante todo, y en términos generales, hemos de atender el valor calórico total de los alimentos. Este dato viene integrado por la suma de varios factores, a saber:

1.º Valor calórico inicial.
2.º Necesidades energéticas individuales.
3.º Factores indeterminados.
4.º Acción dinámico-específica.
5.º Pérdidas culinarias.

El valor calórico inicial se halla calculando el valor calórico del metabolismo basal en las 24 horas, dividido por el peso teórico del individuo según su edad, talla, peso y sexo, de acuerdo con las tablas correspondientes, multiplicando este cociente por el peso actual del individuo. Este valor calórico inicial es el que va a regular la conservación de un peso en función de un régimen dietético apropiado a cada caso.

Las necesidades energéticas se derivan de las condiciones de trabajo y de reposo, ya que estas necesidades son muy diferentes en ambos casos.

Aquí adquiere la máxima importancia el oficio que desempeña cada individuo. Véanse las listas siguientes, en donde se indican dichas variaciones de un modo esquemático, pero útil para su comprensión.

Necesidades calóricas por hora:
Trabajo ligero .... 75 Kcal
Trabajo mediano .... 75 a 100 Kcal
Trabajo pesado .... 150 a 300 Kcal
Trabajo intenso .... 300 Kcal

Necesidades calóricas por día (Dietary allowances 1948):
Sedentario ....2.400 Kcal
Actividad física media .... 3.000 Kcal
Trabajo pesado .... 4.500 Kcal

Necesidades calóricas según el peso (M. Labbé):
Trabajo intelectual ....30 a 35 Kcal x Kg
Trabajo físico medio ....35 a 40 Kcal x Kg
Trabajo físico pesado ....40 a 50 Kcal x Kg

Entre los factores indeterminados se consideran aproximadamente las calorías gastadas durante las horas de reposo (sueño) o medio reposo (descanso), calculado en 250 calorías-día para el que trabaja y 500 para quien no trabaja.

La acción dinámico-específica representa el calor producido por la digestión de los alimentos y, sobre todo, por su asimilación. Los hidratos de carbono se absorben rápidamente y son fácilmente utilizables porque tienen un VDE de efectos rápidos y pasajeros. Las grasas son de efecto retardado aunque durable.

Las proteínas son las que en mayor proporción aumentan las combustiones, y se calcula que elevan a las 2 o 3 horas en un 30 o 40 % el total calórico del régimen. Y, por fin, las pérdidas calóricas por preparación y ebullición de los alimentos, absorción, etc., se calculan en un 10 % del total calórico.

Otro factor importante es conocer todo lo que respecta a la ley de isodinamia. En ella se estudian las capacidades de equivalencias calóricas entre los alimentos. Por ejemplo, puesto que 185 calorías las producen 20 g de lípidos, éstos podrán ser sustituidos por 45 g de glúcidos, que proporcionan igualmente 185 calorías.

Las compañías de seguros de vida miran con desconfianza a los obesos e hipertensos: no son objeto de preocupación en la carrera del asegurador.

Es una realidad estadística en la que convergen todas las compañías aseguradoras.

No hemos podido hallar una definición exacta de la obesidad. Son muchos los factores en su etiología que al coincidir dificultan todo intento de definición. Pero existe un hecho indudable: la mayor parte de los obesos comen más que los que no lo son. Cuán difícil es exigir a un obeso que no oculte la verdad de lo que come, de lo que camina, de lo que duerme, etc.; existe una mentalidad más o menos ingenua de difícil asinceramiento.

Se ha intentado medir el "grado de obesidad" según la longitud centimétrica de los pliegues cutáneos. La grasa corporal normal para los hombres se calcula que constituye de un 15 a un 20 % del peso y de un 20 a un 25 % para la mujer. Por encima de estos porcentajes empieza la obesidad. Existen cifras del 50 al 60 % en los grandes obesos. Por el contrario, en los deportistas y atletas sólo llega a un 5 % de grasa en su peso corporal.

Considerando que la alimentación es el factor más importante para mantener una obesidad, se establecieron las curas de hambre.

Nuestros 33 casos, estudiados en nuestro antiguo Servicio de Medicina del Hospital de la Santa Cruz y San Pablo de Barcelona, nos demostraron su buena tolerancia moral y física, pues la única ingesta era el agua sin restricciones. Con gran sorpresa observamos un descenso de las constantes sanguíneas (Na, Cl, K, Ca, pH, colesterol, ácido úrico, urea, glucosa, etc.), que se remontaban a su cifra normal a los 3 días de haber iniciado la cura de hambre. Esto nos daba la impresión de que, echando mano de sus propias reservas, su metabolismo iba equilibrándose.

Como las pérdidas eran constantemente de 1 kilo diario y la cura duraba 10 días consecutivos, sin molestias importantes, el enfermo adquiría la convicción de que su gordura estaba influida principalmente por la comida y ulteriormente este convencimiento le era alentador para mantenerse dentro de un régimen hipocalórico (pobre en calorías) y equilibrado. Cuando la obesidad era escandalosa (más de 100 kg), le animaba a repetir la cura pasadas unas semanas, con la seguridad de que salía de la clínica con 10 kg menos después de una estancia de 10 días.

En una reciente publicación sobre dietética de la Clínica Mayo de Rochester, se resume el tratamiento de la obesidad (enfermedad) en: dieta, modificación del comportamiento, fármacos anoréxicos y cirugía.

En estas dietas de mantenimiento es donde interesa haber adquirido este "cambio del comportamiento", pues el paciente acaba por intuir lo que le conviene y lo que le perjudica, inclinándose con el tiempo y por un establecido reflejo condicionado a mantenerse en sus límites calóricos sin perder lo que es más importante: *"La alegría de vivir"*.

PRESENTACIÓN

Una reflexión sobre la obesidad, como premisa previa. ¿Por qué cuando alguien padece una enfermedad común, como la gripe o la hepatitis, decimos que *está* enfermo? ¿Por qué cuando guarda cama porque tiene gripe decimos *tiene* y, sin embargo, cuando una persona padece obesidad decimos que *es* obeso? Incluso en el caso de la persona que padece una enfermedad que supone cambios o alteraciones de la personalidad, decimos que *está* loca y nunca que *es* loca. Quizá es que la obesidad es algo tan especial en la naturaleza de una persona que de ahí surja esa diferencia de tratamiento.

En nuestro comportamiento social es una cortesía, una señal de buena educación, interesarse por el estado de un enfermo aunque padezca un simple resfriado. Y, sin embargo, la opinión de cortesía se volvería a la inversa, incluso tachándose de falta de delicadeza, si preguntáramos: –¿Y cómo sigues de tu obesidad…?

De hecho, sólo hay otra enfermedad en que se utiliza el verbo *ser* en vez del verbo *estar*: la lepra.

Y es como para pensar que esta falta colectiva de rigor semántico obedece a algo, que hay algún motivo. Y no debe ser otro que el arraigo de una mezcla de salud y estética con que concebimos el peso de cada uno. Toda la publicidad, todos los sistemas "milagrosos", que se anuncian como infalibles, hablan siempre de estilización de la figura, de elegancia, de juventud… Nadie habla del peso correcto. Nadie afirma las ventajas de un peso adecuado. Todo es un señuelo que juega con opiniones íntimas de obtener una nueva imagen, de conseguir emular a un modelo determinado, asumido íntimamente, soñado en soledad.

Por eso, quien tiene ahora este libro en las manos, tiene, cuando menos, una decisión tomada. No son estas páginas ni un entretenimiento ni una historia inventada. Es un libro con un fin y que juega ya de principio con la decisión suya. Sí, sí, esa que usted tomó y de la que no se arrepentirá. Porque, ciertamente, va siendo hora de que consideremos la obesidad como lo que es, como una enfermedad. Y una enfermedad que afecta a la mitad de las personas del mundo desarrollado. Los datos que proporciona la Organización Mundial de la Salud son tan escalofriantes como los que hablan del hambre: en los países desarrollados, en personas mayores de 40 años, el 50 % –es decir, la mitad– padece problemas de sobrepeso. Y el 40 % de las personas entre 25 y 40 años tienen el mismo problema.

Desde el punto de vista sanitario, la obesidad puede considerarse como una de las epidemias más graves que podemos padecer. Y, de verdad, podría hablarse de una plaga moderna. No hace mucho tiempo fue el propio doctor Marañón quien predijo que la obesidad ocuparía en algunos países el lugar de la viruela. Pues bien, cuando ya la Organización Mundial de la Salud ha declarado oficialmente erradicada la viruela de este mundo, la historia viene a darle la razón a Marañón. Se habla en términos técnicos de epidemiología de la obesidad. Y con metáfora reveladora del auténtico problema sanitario que representa en el mundo actual, podríamos hablar de auténtica epidemia de gordura.

¿Y qué es ser o estar gordo?

Podríamos apelar a cien definiciones. Pero es más lógico acudir a la personal de cada uno. Porque cada uno sabe cuál es su peso, cada uno sabe lo que le sobra y lo que le falta. Que se contente a sí mismo planteando que así se está mejor, es como el fumador que sostiene que, a él, el tabaco no le hace daño. Cada uno en su conciencia, en esa intimidad de la que hablábamos antes, sabe dónde está su peso perfecto, y lo bien que se encuentra cuando lo consigue.

¿Pero es un problema de salud tan serio? En una ocasión, hablando con el profesor Grande Covián, hablábamos de todo esto, y sostenía que quizá en el ánimo de adelgazar y ponerse a dieta de muchas personas estaba más el problema estético que el sanitario. Por supuesto que así es. Por supuesto que las modas han impuesto una imagen que nada tiene que ver con "Las Gracias" de Rubens, tan orondas, tan celulíticas, tan carnosas... Es posible. Y también es posible que esa imagen de la moda no sea otra cosa que nuestro deseo secreto e íntimo. Es decir, que aceptemos esa moda porque en el fondo estamos de acuerdo, previamente de acuerdo, con ese modelo...

De los efectos de la obesidad se sabe lo suficiente como para hacer una llamada de atención. Un caso extremo: William Campbell, campeón de todos los gordos ingleses, batió la marca de obesidad dando en la báscula un peso de 341 kilos. Desbancó así el récord establecido por Daniel Lamberts, de 336 kilos. Daniel había muerto ya, a los 39 años de edad, muy viejo si lo comparamos con su sucesor en el trono de la obesidad: Campbell murió a los 22 años.

Si pesa diez kilos de más... ¿se imagina lo que es andar continuamente con una bolsa de ese peso? Sin embargo, es mucho más perjudicial soportar el sobrepeso que la carga. Entre otras cosas porque el sobrepeso es un estado patológico, mientras que llevar un bulto de ese peso no lo es. Y esta afirmación, que podría firmar Perogrullo, tiene su sentido. Porque la obesidad, además del sobrepeso, implica una serie de alteraciones internas.

Con la obesidad, la tensión arterial se eleva: la persona obesa necesita normalmente un volumen de líquido mucho mayor, que debe circular por una red arterial quizá no del todo limpia. No puede olvidarse que el obeso tiende también no sólo a comer en cantidad sino que se le identifica casi siempre con determinado tipo de alimentos.

La obesidad consiste en una acumulación de tejido adiposo. De ahí que exista esa predisposición a las enfermedades de tipo coronario. Las cardiopatías son mucho más frecuentes en los obesos...

Por si fuera poco, el pulmón trabaja mal. La falta de "fuelle" es algo que se percibe de forma inmediata en las personas obesas.

La obesidad fuerza además a las bronquitis. Las cardiopatías de origen pulmonar son una amenaza que se cierne sobre el gordo. En general, una obesidad avanzada es una candidatura permanente al fallo cardíaco. Pero hay más. Las grasas, antes de formar tejido adiposo, pasan por el hígado. Todo el aparato digestivo se encuentra sobrecargado y su circulación sanguínea está también afectada. Las vías biliares se alteran con facilidad. Entre los gordos, es más frecuente la formación de cálculos.

Las artrosis y, en general, todos los reumatismos se ceban más en los obesos, cuyas articulaciones deben soportar exceso de carga, normalmente sin la protección muscular que le da el ejercicio físico.

Hay que añadir que el obeso es una víctima propiciatoria de la diabetes. Aunque ésta es una enfermedad congénita, en un gran porcentaje de casos permanece aletargada o dormida. Y la obesidad es la espoleta para despertarla y hacerla pasar de latente a activa... En una mujer obesa, el embarazo es mucho más costoso y peligroso. No solamente es más difícil y complicado el parto, sino que además la recuperación es más lenta.

Varices y flebitis, dolores de espalda son mucho más frecuentes entre personas con sobrepeso...

En definitiva, debe concluirse que la obesidad es una enfermedad de *todo*. No de báscula, ni de estética. La obesidad afecta de forma directa a todas nuestras funciones vitales.

¿Y ahora?

Bien, ahora tiene usted estas páginas en la mano. Eso significa mucho. Porque aquí no le van a proporcionar fórmulas milagrosas. Someterse a una dieta de adelgazamiento es más serio. Lo primero, no crea en milagros. Si hubiera una dieta milagrosa no saldría cada año un *best seller* americano diciéndonos que se puede adelgazar sin sacrificio.

Aquí, y por eso tiene usted este libro, se trata de una dieta basada en su voluntad. Primera premisa necesaria para llevar adelante cualquier actividad.

Usted quiere adelgazar. ¿Y cómo? Sistemas puede haber muchos y útiles. Ha elegido éste. Pero no puede olvidar que uno de los aspectos fundamentales para conseguir su propósito es pensar que no está sola. Tiene la decisión, tiene la distribución de las comidas, tiene a su mano todo lo necesario para su régimen. Excepto una cosa que resulta –y la experiencia así lo afirma– utilísima: la compañía. El grupo. El estímulo y el ánimo de quienes, como usted, quieren conseguir lo mismo que usted. Piénselo.

Porque sólo es válido adelgazar de una manera: con alegría y con estímulo. Si el régimen entristece es que algo va mal. Las depresiones, cuando la dieta es drástica, resultan peor que la obesidad que se quería contrarrestar. Sólo se puede adelgazar con alegría, con la satisfacción de ver que se van consiguiendo las metas, con el estímulo de la voluntad que supone ver que hay más gente que está en la misma lucha y en el mismo esfuerzo. Y que una transgresión culpable es eso y solo eso: una transgresión culpable... Pero con alegría, con la amistad de los demás.

Si usted consigue establecer un grupo cordial para hacer su régimen, está usted de enhorabuena. No sólo se pondrá en el peso perfecto, sino que, además, lo hará con una sonrisa y habrá ampliado la amistad. La amistad que se entabla cuando se hace un esfuerzo es una amistad interesante. Porque parte de la comprensión de un problema mutuo y, sobre todo, del descubrimiento de una debilidad personal llamada "kilo de más"...

Enhorabuena por la decisión que ha tomado.

Su salud se lo agradecerá. Y piense siempre que si adelgazar es una buena terapia, es mejor si la acompaña con una sonrisa. Los que le rodean no tienen la culpa de su régimen.

¡Adelante, pues, y... sonriendo!

ALIMENTACIÓN, NUTRICIÓN, DIETAS **NATURHOUSE**

Alimentación y nutrición son dos conceptos fundamentales, por lo general mal interpretados y que, sin embargo, es necesario aclarar si pretendemos comer equilibradamente para preservar nuestra salud y nuestra figura.

Alimentación es la acción voluntaria y el efecto de escoger e ingerir alimentos. Nutrición es el conjunto de procesos metabólicos involuntarios subsiguientes al acto de alimentarse. Por tanto, si queremos que nuestra nutrición nos resulte beneficiosa, es imprescindible regular de manera conveniente nuestra alimentación. Alimentarnos según una dieta precisa resulta imprescindible cuando, por enfermedad o por estética, debamos perder kilos de más.

La verdad es que la oferta de regímenes y métodos para adelgazar es abrumadora, constante y cambiante: la dieta de hidratos de carbono, los regímenes diuréticos y laxantes, la dichosa dieta de los astronautas, la sorprendente dieta de bananas y leche, la curiosísima de queso y vino... Desde luego, todos estos regímenes son hipocalóricos y, por tanto, adelgazan.

Pero está comprobado que la mayoría de estos regímenes perjudican seriamente al organismo porque no aportan las cantidades imprescindibles de vitaminas, o de minerales, o de proteínas, o de los otros elementos nutritivos que garantizan nuestra salud.

Cada cuerpo humano es distinto y, por consiguiente, requiere "su" dieta para adelgazar o para mantener su peso perfecto. No existe un régimen único y eficaz, de aplicación general. Por otra parte, la obesidad o el simple exceso de peso están motivados por causas distintas, ya sean disfunciones de orden físico, ya sean alteraciones de naturaleza psíquica, ya sean los malos hábitos alimentarios.

Cuando el exceso de peso hace recomendable o necesaria la aplicación de una dieta, el problema que se plantea casi siempre –por no decir siempre– es la dificultad que representa cambiar nuestros hábitos alimentarios y perseverar en este intento. Someterse a una dieta requiere un esfuerzo de voluntad muy considerable. Cambiar nuestras costumbres en la mesa, de la noche a la mañana, renunciar a ciertos placeres palatales que nos han satisfecho a lo largo de los años, reducir la cantidad exagerada de alimentos que cotidianamente ingerimos, todo esto, como decíamos, no es empeño fácil. Es necesario mentalizarse y prepararse al... "sacrificio". Que tampoco es, ni tiene por qué serlo, una tortura. Una dieta de alimentación equilibrada asegura una nutrición saludable, la más oportuna para perder el peso sobrante o mantener el peso perfecto de cada uno, sin dejar por ello de halagar el paladar. Quiere decirse que una dieta equilibrada no es necesariamente incompatible con una dieta agradable, sabrosa y satisfactoria para un paladar exigente y refinado y suficientemente nutricia para saciar el normal apetito.

En los centros de Dietética y Nutrición **NATURHOUSE** se realiza un asesoramiento dietético personalizado para el control y mantenimiento de peso, adecuado a las funciones metabólicas de cada persona.

NATURHOUSE cuenta con un consolidado equipo de profesionales en dietética y nutrición. Su filosofía es estimular la voluntad de la persona a seguir una dieta equilibrada y adecuada a sus necesidades, elaborada para controlar y mantener el peso adecuado.

Además, las dietas **NATURHOUSE** están elaboradas para satisfacer las exigencias del paladar y adecuarse a una alimentación equilibrada y variada.

Con **NATURHOUSE** la voluntad de seguir la dieta se mantiene porque se realiza un control semanal a cada persona.

De este modo, con **NATURHOUSE** se consigue una reeducación nutricional, cambiando malos hábitos alimenticios y adecuándonos a una alimentación variada sin condenarnos a una dieta aburrida y monótona. Dan fe de ello los platos cuyas recetas contiene el "LIBRO DE COCINA NATURHOUSE".

ELEMENTOS CONSTITUTIVOS DE LA ALIMENTACIÓN

PROTEÍNAS O PRÓTIDOS

Concepto

Sustancias constituidas por la unión de numerosos aminoácidos y que son esenciales en la estructura y el funcionalismo de los seres vivos. La naturaleza y características de cada proteína depende de la calidad, número y modo de unirse los aminoácidos que la integran. 1 gramo de proteína aporta 4 calorías.

Fuentes

Las proteínas animales se contienen en: carnes, aves, caza, embutidos, huevos y leche, entre otros. Las proteínas vegetales se encuentran en: cereales, legumbres, frutos secos y levaduras, principalmente.

Indicaciones

Son imprescindibles para el crecimiento y la manutención del organismo. Deben formar parte de la dieta en un 15 %, que será aumentado en las malnutriciones.

GRASAS O LÍPIDOS

Concepto

Cualquiera de las sustancias lipídicas, de origen animal o vegetal, sólidas a la temperatura ordinaria las primeras y líquidas las segundas. Forman parte de las estructuras celulares con base para la síntesis de diversas hormonas y también son necesarias para la absorción de las vitaminas liposolubles. 1 gramo de grasa aporta 9 calorías. En los seres vivos cumplen una importante función de nutrientes de reserva, ricos en energía.

Fuentes

En algunos alimentos la grasa es visible, como sucede en la carne, el aceite, la mantequilla, pero en otros no se aprecia a simple vista: aceitunas, chocolate, cacao, huevos, aguacate, frutos secos y quesos grasos.

Indicaciones

Deben formar parte de la dieta en un 30-35 % y aumentarse en casos de adelgazamiento. Debe controlarse la ingesta de grasas animales en exceso, pues puede conducir a problemas de obesidad y a enfermedades cardiovasculares.

HIDRATOS DE CARBONO O GLÚCIDOS

Concepto

Denominación hoy más bien en desuso. En la actualidad se prefiere el nombre de glúcidos. Son la principal fuente energética, siendo el componente mayoritario de cualquier dieta. El metabolismo glucídico conduce a la glucosa como molécula principal, utilizable en muchísimas vías metabólicas humanas. 1 gramo de glúcidos proporcionan 4 calorías.

Fuentes

En elementos se encuentran en mayor proporción en el azúcar, miel natural, legumbres, harinas, frutas secas, galletas y pastas de sopa.

Indicaciones

Deben formar parte en un 60-65 % del total calórico de una dieta, que deberá ser aumentado en casos de grandes esfuerzos físicos (trabajos duros, deportes) y disminuirse en caso de sobrepeso.

MINERALES

Concepto

Algunos minerales son esenciales para la salud. En una dieta correcta deben constar: calcio, cloro, fósforo, hierro, magnesio, potasio, sodio, yodo, manganeso, zinc, molibdeno y cobre. Sin valor calórico.

Fuentes

El calcio se encuentra en la leche y sus derivados y en algunas frutas y verduras. El fósforo está presente en el pescado, carne, cereales y frutos secos. El magnesio abunda especialmente en los cereales, mariscos, verduras y cacao. El yodo existe en la sal marina, algas, cebolla, nabo, huevos y en el agua potable. La sal de cocina es la fuente principal de cloro y sodio.

Indicaciones

El cloro y el sodio mantienen el equilibrio del líquido en el organismo. El calcio, en problemas de raquitismo, descalcificación y fragilidad ósea. El hierro, en casos de anemia debiendo cuidar su ingesta las mujeres en general. El magnesio, en dolores musculares, calambres y alteraciones del sistema nervioso óseo. El fósforo, de especial interés en trabajos intelectuales, problemas nerviosos y debilidad muscular. Deben formar parte en nuestra dieta diaria.

AGUA

Concepto

Cuerpo formado por la combinación de un volumen de oxígeno y dos de hidrógeno. Imprescindible para la vida. Es el componente mayoritario en la composición de nuestro cuerpo.

Fuentes

Las verduras contienen un 90 % de agua, la leche un 87 %, las frutas un 85 % y los huevos un 75 %.

Indicaciones

Deben formar parte de nuestra dieta, ingiriendo 1ml por cada caloría diaria, o sea un mínimo de 1 1/2 a 2 litros, mejor entre comidas. Debe tenerse precaución en los problemas de diarreas, estreñimientos. En deshidrataciones deberá aumentarse su ingesta.

FIBRA

Concepto

Elemento de origen vegetal no digerible por las enzimas digestivas humanas. Hoy se incluye como fibra dietética o alimentaria a todos los polisacáridos vegetales, excepto el almidón.

Fuentes

Los cereales en general siendo el "Salvado de trigo" el componente de los mismos de mayor riqueza en fibra. Las frutas y verduras contienen también fibra, aunque en poca cantidad por su gran riqueza en agua. Las gomas y mucílagos, como la goma de guar y las algas, poseen el agar-agar como fibra dietética ampliamente utilizada.

Indicaciones

Deben ser introducidas en todas las dietas desde la infancia. Sin embargo, tienen un especial interés y deberán incrementarse en los casos de estreñimiento, diabetes, enfermedades cardiovasculares y obesidad.

VITAMINAS

Concepto

Son sustancias de origen animal o vegetal que se encuentran en los alimentos sólo en pequeñas cantidades, que el hombre no puede sintetizar y debe aportar de la alimentación, siendo imprescindibles para el crecimiento y conservación de la salud del organismo. Sin valor calórico.

Fuentes

(Véase cuadro "Vitaminas más importantes y sus funciones".)

Indicaciones

La avitaminosis, carencia de vitaminas, es hoy día un fenómeno poco frecuente. Persiste, sin embargo, la hipovitaminosis, escasez de vitaminas. Existe también la hipervitaminosis, exceso de vitaminas. Tanto la escasez como el exceso de estas sustancias debe corregirse para evitar sus consecuencias, que puede incluso revestir gravedad. Deben formar parte de nuestra dieta diaria.

VITAMINAS MÁS IMPORTANTES Y SUS FUNCIONES

VITAMINA A

Muy extendida en la naturaleza, está presente, principalmente, en el aceite de hígado de bacalao y de atún, así como en la yema de huevo, en la leche y sus derivados. En la zanahoria está la proxilana A. Actúa sobre la retina y su déficit provoca alteraciones en la visión (ceguera nocturna). Posee una acción protectora de los epitelios: su carencia puede provocar infecciones de repetición y, por otra parte, la piel se vuelve áspera y seca, y el cabello pierde brillo.

VITAMINA B

Se le denomina así a una familia de vitaminas como B_1, B_2, B_6, B_{12}, formando todas ellas el llamado "complejo B". Generalmente, se encuentran en la leche, en el queso, en los huevos, en las verduras, en el hígado y en la levadura, y en casi todos los alimentos principales. Mención especial merece la vitamina B_{12}, que sólo está contenida en los alimentos animales. El déficit de vitamina B_{12} provoca un cuadro de anemia llamada perniciosa. Para que se absorba, la vitamina B_{12} necesita de una sustancia llamada "factor intrínseco", que segregan las glándulas estomacales. En general, el déficit de vitamina B provoca alteraciones en el sistema nervioso, sensación de cansancio y lesiones en piel y mucosas.

VITAMINA C

Son ricas en esta vitamina las frutas, sobre todo la naranja y el limón, y las verduras. El déficit de esta vitamina es causa de una enfermedad conocida desde hace mucho tiempo, el escorbuto, muy frecuentemente entre los marinos que pasaban largas temporadas en el mar alimentándose a base de conservas. El escorbuto se caracteriza por provocar fenómenos hemorrágicos, sobre todo en encías, así como dolores óseos importantes.

VITAMINA D

La vitamina D desempeña un importantísimo papel en los fenómenos de absorción de calcio y su posterior depósito en los huesos. Su déficit comporta graves trastornos en el desarrollo óseo, que se puede traducir en la aparición del raquitismo en el niño y de osteomalacia en el adulto. El aceite de hígado de bacalao, el huevo de gallina, la mantequilla y el queso graso contienen vitamina D en importantes cantidades.

VITAMINA K

Interviene en los fenómenos de coagulación al favorecer la síntesis de uno de sus elementos. Su déficit, pues, suele producir fenómenos hemorrágicos. La vitamina K se sintetiza en el intestino por determinadas bacterias. También se encuentra en frutas, verduras, huevos, leche e hígado.

VITAMINA PP

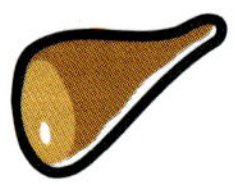

Se halla principalmente en el hígado y en la carne. Su déficit provoca lesiones en la piel, que se conocen como pelagra. Por la misma razón, se observan alteraciones en las mucosas y en el sistema nervioso.

RECETARIO

Los ingredientes de cada receta se han calculado para cuatro personas.

APERITIVOS

EL APERITIVO –DEL LATIN *APERITIVUS*, Y ÉSTE DEL VERBO *APERIRE*: "ABRIR", QUE SIRVE PARA "ABRIR EL APETITO"– ES UN PLACER QUE UNA DIETA EQUILIBRADA NO TIENE POR QUÉ EXCLUIR.

FOIE GRAS

2 pechugas de pollo, 2 hígados de pollo, 2 quesitos descremados, 1 trufa, 1 cucharada de vino de Oporto, orégano, sal marina, pimienta blanca. Guarnición: cebollas, pepinillos, alcaparras y zanahorias.

Se pelan y deshuesan las pechugas, se lavan y maceran junto con los hígados en el Oporto, con la trufa y salpimentado. Pasadas 12 horas, se pica todo y se añaden los quesitos. Se forma una masa homogénea y se cuece en una terrina al baño María en el horno, durante 45 minutos. Se deja enfriar y se saca del molde.

TEN EN CUENTA

Este paté es un alimento rico en proteínas. Está indicado en comidas, cenas y desayunos.

APERITIVO

250 g de gambas, 250 g de mejillones, 250 g de berberechos, 250 g de tallarinas, 1 limón, ajo, perejil, aceite de oliva.

Si las gambas son frescas, al hervirlas en agua salada se comprobará el punto de sazón hasta obtener un sabor igual que el del agua de mar. Se cuecen durante 3 minutos. Se abren los mejillones al vapor y se rocían con medio limón. Se rocía una sartén con aceite de oliva y se añade una picada de ajo y perejil. Seguidamente se agregan los berberechos y se tapa la sartén unos segundos para que se abran. Se procede del mismo modo con las tallarinas. Se acompaña este aperitivo con bitter.

TEN EN CUENTA

Este aperitivo se puede componer con todo tipo de mariscos.

PIZZA MALLORQUINA

500 g de acelgas, 250 cc de zumo de tomate natural sin azúcar 100 %, orégano, 120 g de cebollas, 1 pimiento rojo asado, 250 g de champiñones, 120 g de atún asalmonado, 160 g de queso descremado.

Para la pasta: 100 g de harina integral, 100 g de salvado, 200 cc de agua tibia, 2 cucharadas de aceite de oliva, 1 cucharadita de sal marina, 2 cucharaditas de levadura.

Se dispone la harina en forma de volcán y se vierten en el hueco central los demás ingredientes de la pasta. Se amasa con las manos hasta obtener una masa muy compacta, se forma una bola y se deja reposar durante 10 minutos. Se cubre una fuente para horno con papel aluminio, se rocía con aceite de oliva y, seguidamente, se extiende la masa hasta cubrir toda la base de la fuente. Se esparcen el zumo de tomate y las cebollas y se espolvorean con orégano. A continuación, se disponen las acelgas limpias y bien troceadas, que previamente se habrán dejado reposar en una escurridera con sal. Se agregan los champiñones asados a la plancha con ajo y perejil, el atún, el pimiento troceado y, por último, el queso a lonchas. Se introduce la fuente en el horno ya caliente y se mantiene a temperatura media durante 30 minutos.

TEN EN CUENTA

Una cuarta parte de la pizza contiene el pan correspondiente de un desayuno o cena, 70 g de alimento rico en proteínas y media cucharada de aceite.

PIÑA CON QUESO

1 piña natural, 250 g de queso descremado, hierro orgánico Ferroherbal.

Se cortan las hojas de la piña y se reservan para adornar. Se parte la piña verticalmente en 6 trozos. Se pasan por la licuadora 2 partes sin corteza y se reserva su jugo que, posteriormente, se tomará con un suplemento de hierro orgánico Ferroherbal. Se preparan las 4 barcas restantes cortando la piña horizontalmente respecto a la piel y, a su vez, se hacen unos trocitos mediante cortes verticales, de modo que se puedan disponer desplazados un poco a la derecha y a la izquierda alternadamente. Se corta el queso a trocitos y se monta en forma de pincho con unos palillos. Se sirve el zumo de piña en un vasito sumergido en hielo, y en el momento de tomarlo se agregan una medida estándar de suplemento mineral orgánico. Éste ayuda a recomponer la posible deficiencia de hierro que conlleva la alimentación y el estrés.

PATÉ DE QUESO
AL PIMIENTO MORRÓN

8 quesitos descremados, 1 cucharada de alcaparras, 2 pimientos morrones, 2 rebanadas de pan integral.

Se pican (no trituran) las alcaparras junto con los pimientos. Se añaden los quesitos y con un tenedor se forma una pasta homogénea. Se calienta el pan, se corta a rebanadas y se unta con el paté de queso.

TEN EN CUENTA

Este paté contiene 40 g de alimento rico en proteínas por persona y está indicado para la cena, ya que incluye el pan. Si se desea tomarlo en el desayuno, se preparará con 3 quesitos por persona.

CANAPÉS DE PEPINO CON PATÉ DE GAMBAS

2 pepinos, 200 g de gambas, 1 vaso de agua, 2 cucharas de leche desnatada en polvo, 1 cucharadita de margarina, 1 limón, 1 cucharadita de aceite de oliva, 1 cucharadita de coñac, ajo, perejil, sal marina y pimienta.

Se pelan los pepinos, se desechan las puntas y se escaldan en agua hirviendo durante 1 minuto. Se sacan del agua y se dejan enfriar. Se cortan a rodajas. Se lavan las gambas, se aliñan con unas gotas de limón y se pasan por una sartén rociada con aceite de oliva. Cuando estén un poco calientes, se añade el aceite de oliva y una picada de ajo y perejil. Se agrega el coñac y se flambean. Se retiran las gambas del fuego, se pelan y se reservan. Se pasan las colas por la picadora y se reservan. Se hierven las cáscaras en el agua y se retiran. Se machacan y cuelan. A este jugo obtenido se añade la leche, sal y pimienta, y se lleva a ebullición. Una vez hervido, se incorporan las colas de gamba picadas y la margarina. Se deja enfriar pero se remueve de vez en cuando para evitar que se forme una gelatina. Se untan las rodajas de pepino con la pasta, de manera que quede un montoncito en el cual se coloca un triangulito de limón.

MELÓN CON JAMÓN

1 melón mediano,
400 g de jamón magro, Cinarkí.

Se parte el melón por la mitad, se vacía y se corta a dados. Se limpia de grasa el jamón y se hacen tacos. Se unen, con un palillo, un taco de melón con uno de jamón y se clavan en la corteza del melón. Estos pinchos combinan perfectamente con el sabor ligeramente amargo de Cinarkí. Esta bebida debe combinarse con agua mineral sin gas y hielo.

TEN EN CUENTA

El jamón está permitido durante el período de mantenimiento de peso. Pero se considera como alimento extra en caso de estar a dieta.

CHORIZO NATURHOUSE

Se pica la carne, se extiende y se agregan el pimentón de forma uniforme, los dientes de ajo bien triturados y la cucharada de sal marina junto con la pimienta molida.
Se amasa todo. Se dejan pasar 4-5 horas para que toda la masa tome el sabor de los ingredientes. A continuación se embuten las tripas que anteriormente se habrán dejado en remojo durante media hora.
Se cuelgan los chorizos durante 5 días en un lugar cerrado sin ventilación.

1 kg de carne de ternera, 50 g de pimentón dulce, 2 dientes de ajo, 1 cucharada sopera de sal marina, pimienta molida al gusto y tripas de cerdo.

TEN EN CUENTA

Este chorizo es rico en proteínas para un día. Se puede tomar en el desayuno o bien para completar la comida o la cena.

CAZUELA DE CARACOLES

Antes de cocinar los caracoles es necesario dejarlos unos cuantos días en ayuno. Se lavan con abundante agua y un puñado de sal, se frotan bien y se cambia el agua todas las veces que sea necesario. Se comprueba que todos estén vivos. Se colocan en una olla con agua fría y tapados a fuego lento con el fin de que salgan de la concha. Cuando arranque el hervor se pone un ramito de hierbas: laurel, tomillo e hinojo. Se sazona y cuecen durante una hora y media.
Se prepara la salsa con 1 pimiento rojo, 1 pimiento verde, 1 cebolla, 3 ó 4 ajos, perejil, 1/2 berenjena, 1/2 calabacín, 1/4 de zumo de tomate, una guindilla, sal, harina, pimienta, caldo vegetal y una cucharada de aceite de oliva. Se ponen en una cazuela todos los ingredientes con un poco de agua y se cuecen lentamente hasta que estén blandos. Se trituran, cuelan y salpimentan. Se escurren bien los caracoles. Se mezclan con la salsa y se dejan cocer unos minutos. Se sirven muy calientes.

CAZUELA DE CARACOLES

ENSALADAS

LA IMAGINACIÓN DE LOS MAESTROS
DE COCINA HA CREADO UN EXUBERANTE,
DIVERSO Y SEDUCTOR RECETARIO
DE ENSALADAS ELABORADAS
CON UN SINFÍN DE ALIMENTOS.

ENSALADA LIBRE

Lechuga, escarola, endibias, pepino, apio, rábanos, pepinillos, alcaparras, espárragos, pimientos rojos y verdes, champiñones, soja germinada.

La palabra libre significa aquí que no tiene límite. Se puede comer la cantidad que se quiera y a la hora que se desee. Los pimientos se pueden consumir al natural o bien escalibados. Los champiñones, después de un buen lavado y troceados, cabe utilizarlos tanto crudos como asados con ajo y perejil. La soja germinada es muy rica en proteínas. Se recomienda escaldarla antes de utilizarla, tanto en las ensaladas como para hacer tortillas. Todos los ingredientes de esta ensalada se pueden trocear y mezclar. Se aliña con aceite de oliva, vinagre de sidra, zumo de limón, salsa mahonesa, salsa de tomate, etcétera.

ENSALADA SUIZA

1 lechuga, 240 g de tomate para ensalada, 120 g de cebolla deshidratada, 120 g de zanahorias, 80 g de queso descremado, 1 cucharada de aceite de oliva, 8 cucharadas de vinagre de sidra, sal marina, pimienta, 1 yogur descremado.

Se lavan y trocean la lechuga, los tomates, las zanahorias y las cebollas. Se añade el queso, también troceado, y se dispone todo en una fuente. Se mezcla el yogur con el aceite y el vinagre. Se salpimenta. Con esta salsa se aliña la ensalada. Se reservan unos trocitos de queso y zanahoria para adornarla. Se sirve fresca.

ENSALADA CON FIBRA DIETÉTICA

1 lechuga, 120 g de cebolla deshidratada, 1 pepino, 250 cc de zumo de tomate natural sin azúcar 100 %, 1 cucharadita de agar-agar, sal marina, pimienta, caldo vegetal, vinagre de sidra.

TEN EN CUENTA

Esta ensalada contiene 30 g de verdura controlada por persona.

Se lava y trocea la lechuga y se pone en una fuente. Se cortan las cebollas en finos aros que se ponen en remojo con agua y sal durante 1/2 hora. Se pone a hervir el zumo de tomate con el agar-agar, un poco de sal y pimienta. Una vez hervido, se rocía con un poco de caldo vegetal y se pone a enfriar en un recipiente cuadrado. Una vez frío, habrá quedado un flan de tomate. Se corta a tiritas muy finas y largas. Se corta el pepino a rodajas y se rodea la ensalada con los aros de cebolla, las tiras de tomate y las rodajas de pepino. Se aliñan con sal, aceite y vinagre.

ENSALADA DE POLLO A LA VINAGRETA

100 g de pollo (una vez cocido), lechuga, 1 quesito descremado, 1 cucharada de aceite de oliva, vinagre de sidra, sal marina.

Se pone en un cuenco el pollo cocido, seguido de la lechuga partida a tiras y encima el queso también a tiritas. Se hace una vinagreta con la cucharada de aceite, el vinagre de sidra y la sal marina y se vierte por encima.

ENSALADA DE PIÑA

1 lechuga, 4 endibias, 1 cebolla, 1 zanahoria, 4 pepinillos, 1 cucharada de alcaparras, 1 tomate, 1 lata de atún asalmonado, 1/2 piña natural, sal marina, 1 cucharada sopera de aceite de oliva, vinagre de sidra.

Se lavan y trocean la lechuga y las endibias, se cortan pequeñitos los pepinillos y el tomate. Se corta la cebolla a rodajas muy finas y se pone 1/2 hora con agua y sal para que no pique. Se aclara con agua. Se mezclan el atún, la cebolla, las alcaparras y parte de la piña troceada con la ensalada que se está preparando. Se aliña y en el momento de servir se adorna con el resto de la piña y la zanahoria cortada a tiras.

ENSALADA ITALIANA

4 pechugas de pollo, 150 g de pepinillos en vinagre, salsa mahonesa, sal marina, pimienta, limón, 1 lechuga.

Se lavan las pechugas, se les quita la piel, se sazonan con sal, pimienta y limón y se asan a la plancha. Una vez frías, se cortan a tiritas estrechas y largas. Se hace lo mismo con los pepinillos, cortándolos también a tiritas largas. Se unen las pechugas con los pepinillos y se aliña con mahonesa. Se lava la lechuga y se trocea muy menuda. Se coloca en los platos y se pone en el centro una montaña de ensaladilla que se acaba de preparar.

TEN EN CUENTA

Es obligado pesar las pechugas una vez hechas para poder calcular el alimento rico en proteínas y completar el menú con el segundo plato.

ENSALADA ITALIANA

ENSALADA DE ZANAHORIAS
Y HUEVO DURO

480 g de zanahorias, 4 huevos duros, perejil, 1 limón, pimienta, 1 cucharadita de salsa mahonesa, caldo vegetal.

Se lavan y rallan las zanahorias. Se rocían con zumo de limón. Se disponen encima de las zanahorias los huevos duros cortados por la mitad. Se rocían con caldo vegetal y se añade una cucharadita de salsa mahonesa.

TEN EN CUENTA

Este plato contiene 120 g de verdura controlada y 60 g de alimento rico en proteínas.

ENSALADA DE NARANJA
Y CEBOLLA

4 naranjas medianas, 4 cebollas de 120 g cada una, unas hojas de lechuga (opcional), 1 cucharada sopera de aceite de oliva, sal marina, nuez moscada.

Se cortan a rodajas las naranjas y las cebollas. Se colocan en una ensaladera y se aliñan al gusto. Se espolvorea con nuez moscada. Si se desea, se puede añadir unas hojas de lechuga.

ENSALADA DE LANGOSTINOS

20 langostinos, 1/2 lechuga, 120 g de cebolla deshidratada, 1 pepino, 4 pepinillos en vinagre, 2 cucharadas de alcaparras, 1 huevo duro, perejil, pimienta, sal marina, vinagre de sidra, 1 cucharada de aceite de oliva, 1 limón.

Se hierven los langostinos en agua sazonada con sal y una hoja de laurel y se cuecen durante 5 minutos. Se dejan enfriar, se pelan y cortan las colas de los langostinos. Se lava y trocea la lechuga. Se pela el pepino, se sacan las pepitas y se trocea menudo. Se dispone en un bol la lechuga picada, la cebolla cortada a láminas finas, el pepino troceado, el huevo duro picado, las alcaparras y los pepinillos en vinagre troceados. Se aliña con aceite, vinagre, sal y pimienta. Se disponen encima los langostinos y se adorna con trocitos de limón.

ENSALADA DE ARROZ

150 g de arroz en crudo, 1 lechuga, 120 g de zanahorias, 120 g de cebolla deshidratada, 4 pepinillos en vinagre, 2 cucharadas de alcaparras, 1 pimiento rojo, 2 huevos duros, 1/4 l de jugo de tomate natural sin azúcar 100 %, 1 pimiento verde, ajo, perejil, 1 cucharadita de aceite de oliva, 1 cucharada de vinagre de sidra, sal marina.

TEN EN CUENTA

Este plato contiene 60 g de verdura controlada por persona, pero como el arroz es un alimento rico en hidratos de carbono, hay que suprimir el resto de dicha verdura y el pan correspondiente a la cena.

Se cuece el arroz, se lava y escurre. Se coloca en un molde, se presiona ligeramente, se le da la vuelta y se enfría. Se mezcla la lechuga, troceada muy menuda, con las zanahorias, el pimiento rojo, las cebollas, las alcaparras y los pepinillos. Se prepara una salsa triturando el zumo de tomate con el pimiento verde, el ajo, el perejil, el aceite, el vinagre y la sal. Se rodea el arroz con la ensalada, se adorna con el huevo duro y se sirve la salsa en una salsera.

ENDIBIAS AL ROQUEFORT

4 endibias, 40 g de queso Roquefort, 1/4 litro de agua, 4 cucharadas de leche desnatada en polvo, 1 cucharada de vinagre de sidra, 1 cucharadita de aceite de oliva, sal marina.

Se lavan las endibias y se deshojan. Se prepara la salsa de la siguiente forma: En el vaso de la batidora se colocan el queso, la leche disuelta con el resto del agua, el vinagre, el aceite y la sal. Se bate y aliñan las endibias.

TEN EN CUENTA

Esta ensalada contiene 20 g de alimento rico en proteínas por persona, ya que el Roquefort cuenta el doble al no ser descremado.

ENSALADA DE MANZANA

1 lechuga, 120 g de zanahorias, 120 g de cebolla deshidratada, 1 pepino, 1 pimiento rojo, 1 manzana, 1 cucharada de salsa mahonesa, vinagre de sidra, sal marina.

Se lavan y trocean menudamente todos los vegetales. Se remueven bien en una fuente, que se mantiene en el frigorífico durante 10 minutos. Se aliñan con vinagre y mahonesa, y se sazonan con sal. Se adorna con unas tiritas de pimiento rojo y rodajas de pepino.

TEN EN CUENTA

Esta ensalada contiene 60 g de verdura controlada por persona.

ENSALADA MARINERA AGRIDULCE

1 manojo de puerros, 1 naranja, 4 rodajas de merluza, 4 gambas, 120 g de cebolla deshidratada, 60 g de zanahorias, sal marina, pimienta, caldo vegetal. El zumo de 1 naranja, 2 cucharaditas de mostaza, 1 ajo, 1 cucharada de aceite de oliva, vinagre de sidra al gusto, caldo vegetal.

Se prepara un caldo corto con caldo vegetal y, cuando arranque el hervor, se le añade el pescado ligeramente sazonado con sal y pimienta. Se cuece al vapor durante 3 minutos. En una fuente de servir se colocan los berros ya limpios y encima se disponen los pescados tibios y sin espinas. Se adorna con unas virutas de zanahoria y aros de cebolla. Se rodea la fuente con gajos finos de naranja. Para preparar la salsa se trituran todos sus ingredientes; se sirven en salsera.

TEN EN CUENTA

Este plato contiene 45 g de verdura controlada por persona. Es necesario pesar el pescado limpio para poder completar el alimento rico en proteínas en el segundo plato.

SOPAS

SOPAS RECONFORTANTES Y CÁLIDAS,

SOPAS SÓLIDAS Y NUTRICIAS,

Y TAMBIÉN SOPAS FRÍAS Y REFRESCANTES

PARA LOS DÍAS CÁLIDOS DEL VERANO.

CALDO AL GLUTEN

200 g de pasta de sopa al gluten, 120 g de zanahorias, 120 g de puerros, 60 g de cebolla deshidratada, 60 g de nabos, 60 g de chirivías, 1 ramita de apio, 4 ó 5 hojas de col, 2 hojas de acelgas, 2 pechugas de pollo, sal marina, caldo vegetal.

En una olla con agua se disponen todas las verduras troceadas y se prepara un caldo vegetal. Se cuela el caldo resultante, ligeramente sazonado con sal y se lleva a ebullición. Se cuece la pasta de sopa. Se asan las pechugas sin piel. Se pican y reparten en los platos. Se echa el caldo caliente encima y cada persona se pondrá caldo vegetal a su gusto.

TEN EN CUENTA

La receta es aplicable a un consomé de pollo. Pero en lugar de utilizar el caldo colado y cocer la sopa, se han de triturar las verduras y, una vez coladas, se agregan cuatro cucharadas soperas de leche en polvo desnatada. De este modo se obtiene un puré fino y ligero. Se sirve en tazas.

GAZPACHO

3/4 de zumo de tomate natural sin azúcar 100 %, 2 pimientos verdes, 2 pepinos, 1 cebolla, 2 ajos, 1/2 cucharada de caldo vegetal, vinagre de sidra natural al gusto, sal marina, pimienta.

Se lavan, trocean y trituran todas las verduras con el zumo de tomate, pero se reserva parte de ellas para la guarnición. Se pasa todo por un colador. Se aliña con aceite y vinagre. Se sazona con sal, pimienta y caldo vegetal. Se pone en el frigorífico durante 1 hora y se sirve frío, en taza o bol, con unos cubitos de hielo. La guarnición se sirve aparte en recipientes pequeños.

TEN EN CUENTA

Si se toma este plato en la cena, se puede acompañar con 30 g de pan por persona. En caso de hacerlo al mediodía, se puede completar, si se desea, con un bol de zanahoria rallada en lugar de pan.

CONSOMÉ TRES SABORES

120 g de zanahorias, 120 g de cebollas, 60 g de nabos, 60 g de puerros, apio, 1 pechuga de pollo, 2 huevos duros, 60 g de queso, caldo vegetal.

TEN EN CUENTA

Esta sopa contiene 90 g de verdura controlada. Suponiendo que la pechuga una vez hecha pesara 100 g, serían 75 g de alimento rico en proteínas por persona, ya que se suma el peso del pollo con los 2 huevos duros y el queso.

Se lavan y trocean las verduras. Se hierven con agua y sal durante 1/2 hora. Se trituran y cuelan. Se hace la pechuga a la plancha. Se pesa y reparte en las cuatro tazas. Con un tenedor se pican los huevos duros y también se reparten. Se forman dados pequeños con el queso y se distribuyen en las tazas. En el momento de comer, se sirve el caldo muy caliente, sazonado con caldo vegetal.

PURÉ DE ACELGAS

1 kg de acelgas, 1 cucharada de cebolla deshidratada (remojada), 4 cucharadas de leche en polvo descremada, 2 quesitos descremados, 2 cucharaditas de agar-agar, 40 g de queso descremado rallado, caldo vegetal.

Se lavan las acelgas en abundante agua. Se cuecen al vapor durante 10 minutos con la cebolla remojada. Se deslía el agar-agar en un poco de agua fría y se hierve con las acelgas durante unos segundos. Se añaden la leche en polvo, los quesitos, una pizca de caldo vegetal y se tritura bien. Si es necesario, se agrega un poco de agua. Se sirve en tazas y se espolvorea con queso rallado.

TEN EN CUENTA

Este puré contiene tan sólo 20 g de alimento rico en proteínas por persona.

CONSOMÉ DE FIBRA VEGETAL

1,5 l de caldo vegetal, 1 huevo, 1 cucharadita de agar-agar, 120 g de pechuga de pollo, sal marina, pimienta, caldo vegetal.

Con 1/4 l de caldo vegetal se prepara una gelatina del siguiente modo: se hierve el caldo con el agar-agar durante unos segundos, se incorpora el huevo batido (templado, para que no cuaje) y se vierte el caldo en un molde cuadrado para que se enfríe. Se asa la pechuga de pollo, se pasa por la picadora y se reparte en 4 tazas. Una vez fría, la gelatina se corta a cuadraditos y se presenta en un bol para que cada comensal tome la que desee. Se sirve el caldo caliente, en tazas, con la pechuga de pollo picada.

TEN EN CUENTA

Esta sopa contiene 45 g de alimento rico en proteínas. La gelatina también se puede preparar con guisantes y zanahorias: se elabora del mismo modo, añadiendo los guisantes y zanahorias, previamente hervidos, después de agregar el huevo. Se debe tener en cuenta que al incorporar la verdura no se pueden rebasar los 120 g de verdura controlada por persona.

SOPA PARMESANA

120 g de puerros, 120 g de nabos, 120 g de cebollas deshidratadas, 120 g de zanahorias, 1 rama de apio, 1,5 l de agua, 2 yemas de huevo, 40 g de queso tipo parmesano rallado (30 % de materia grasa), sal marina, caldo vegetal, 1 huevo duro.

Se hierven en una cazuela todas las verduras durante 20 minutos. Finalizada la cocción, se trituran y cuelan las verduras. Se sazonan con un poco de sal y, todavía calientes, se añade el queso rallado removiendo continuamente. Al cabo de 5 minutos, se incorporan las yemas de huevo, que se habrán mezclado previamente con un poco de caldo frío preparado con caldo vegetal. Se mantiene a fuego vivo batiéndolo, y se retira antes de que alcance el punto de ebullición. Se espolvorea con el huevo duro picado.

TEN EN CUENTA

Esta sopa contiene la verdura permitida de un día y 50 g de alimento rico en proteínas por persona. Si se toma en la cena, se suprime el pan.

SOPA DE AJO NATURHOUSE

120 g de pan integral (30 g por ración), 8 dientes de ajo, 2 huevos, 1 trocito de guindilla (opcional), caldo vegetal, 1 cucharada de aceite de oliva, 1.250 cc de agua.

Se corta el pan a rebanadas finas, se tuesta y frota con ajo. En una cazuela de barro se sofríen con aceite los ajos chafados y, cuando tomen color, se les añaden caldo vegetal, la guindilla y el pan tostado. Se mantiene en cocción durante 15 minutos. Se retira del fuego y se tritura. En el momento de servir, se calienta la sopa y se añaden los huevos batidos removiendo bien con un batidor.

TEN EN CUENTA

La ración de esta sopa para un hombre se puede aumentar con 30 g más de pan, ya que son 60 g su ración diaria.

SOPA DE CEBOLLA GRATINADA

1/2 kg de cebollas o cebolla deshidratada, 4 huevos, 4 cucharadas de salvado de trigo Redunat Fibra, 80 g de queso rallado, sal marina, caldo vegetal, agua.

Se corta la cebolla a rodajas muy finas, se hierve durante 1/2 hora. Se reparte en 4 cazuelas individuales resistentes al horno. Se añade un huevo entero, se espolvorea con una cucharada de salvado por encima y el queso rallado, en cada una. Se gratina.

SOPA CAMPESINA

Verduras al gusto, 1,5 l de agua, 400 g de carne picada, 2 huevos, 2 cucharadas de salvado de trigo Redunat Fibra, 1 ajo, 1 rama de perejil, sal marina, pimienta, caldo vegetal.

Se lavan y cortan las verduras en juliana menuda. Con la carne picada se preparan unas albóndigas del siguiente modo: se mezcla la carne con los huevos, el ajo y el perejil picados, y pimienta, una cucharada de salvado y se sazona. En una cazuela con agua se hierven las verduras y, a los 5 minutos de ebullición, se incorporan las albondiguillas. Se deja cocer todo junto durante 15 minutos. Se sazona con caldo vegetal. Se pesan las albóndigas y se reparten en 4 platos hondos. Se añade el caldo muy caliente.

¡TEN EN CUENTA

Al pesar las albóndigas se averigua la cantidad que corresponde por ración de alimento rico en proteínas, para poder así completar el menú con el segundo plato.

SOPA DE ZANAHORIAS

480 g de zanahorias limpias, 1 taza de leche desnatada en polvo, 4 pepinillos en vinagre, 20 g de queso rallado descremado, 1,5 l de caldo vegetal, sal marina, nuez moscada. Se necesita una licuadora.

Se raspan las zanahorias, se parten por la mitad y se pasan por la licuadora. Se reserva el zumo de las zanahorias bien tapado. Se hierve la parte fibrosa de las zanahorias con el caldo vegetal durante 25 minutos. Se sazona con sal y nuez moscada. Una vez esté muy blanda, se pasa la pulpa de las zanahorias por un chino. Se le agrega su zumo natural, la leche y el queso. Si fuera preciso, se calienta la sopa para servirla, pero sin dejarla hervir. Aparte, se acompaña con unos taquitos de zanahoria cruda y pepinillo.

¡TEN EN CUENTA

Esta sopa contiene la verdura controlada perteneciente a medio día. Es importante reservar el zumo de las zanahorias licuado y agregarlo en el momento de servir; de este modo no se destruye la parte vitamínica de la zanahoria.

VICHYSSOISE

480 g de puerros, 2 cucharadas de cebolla deshidratada, 1 cucharada de perejil picado, 4 cucharadas de leche desnatada en polvo, sal marina, pimienta, nuez moscada, 1 vaso de agua, 1 cucharadita de agar-agar, 1 cucharadita de caldo vegetal, 1 cucharadita de margarina.

Se lavan y trocean los puerros y se hierven con la cebolla deshidratada durante 20 minutos. Se salpimentan y se agregan la leche en polvo y la margarina. Se hierve el vaso de agua con el agar-agar bien disuelto, se retira del fuego y se añade el caldo vegetal. Se deja enfriar. Una vez cuajado, se mezcla bien con los puerros hervidos y fríos. Se tritura y cuela. Se añade un poco de nuez moscada junto con el perejil picado. La vichyssoise se sirve, enfriada previamente en el frigorífico, en taza.

TEN EN CUENTA

Esta sopa contiene la verdura controlada permitida por persona y día. Hay que descontar 1 cucharada de leche en polvo desnatada de la ración diaria.

SOPA DE MARISCOS

1 cabeza de merluza, un poco de rape, 100 g de gambas, 250 g de almejas, 250 g de mejillones, 1 tomate, 1 cebolla, 1 puerro, 1 zanahoria, 1 cucharada sopera de coñac, 1 cucharada sopera de aceite de oliva, ajo y perejil, sal marina.

Con la mitad del aceite se dora la cebolla y, cuando esté blanda, se añade el tomate rallado y el rape; se cuece 10 minutos. Se pone a hervir la cabeza de merluza en agua fría con el puerro y la zanahoria durante 20 minutos. En una sartén antiadherente se asan las gambas con el resto del aceite y, cuando estén en su punto, se añaden una picada de ajo y perejil y la cucharada de coñac. Se prende fuego para flamearlas. Se abren las almejas y los mejillones al vapor. Se desmenuza todo el pescado y se quitan los caparazones a los mejillones y una sola valva a las almejas. Se hierven las cabezas de las gambas con un poco de agua, se machacan y cuelan. Se une el caldo de cocción de la cabeza de la merluza con el obtenido de las cabezas de las gambas. Se añaden el sofrito, el puerro y la zanahoria. Se tritura y cuela. Se reparte el pescado en los platos y se le agrega la sopa caliente.

SOPA DE PESCADO

150 g de gambas, 1/2 kg de calamares, 1/2 kg de mejillones, 100 g de zanahorias, 100 g de nabos, 200 g de cebollas, sal marina, caldo vegetal, salsa de soja, ajo y perejil, agua, 1 cucharada sopera de aceite de oliva.

En una cazuela se pone el aceite, se sofríen las gambas y se retiran. Se lavan y trocean los calamares y se pasan por la cazuela. Cuando estén doraditos se añaden las gambas y una picada de ajo y perejil, se saca todo de la cazuela. Se pelan las gambas, se trocean las colas y se juntan con los calamares, se hierven las cabezas y pieles de las gambas con agua, machacándolas bien. Se cuelan. Se hierve durante 20 minutos el caldo obtenido en la cazuela con las cebollas, las zanahorias y los nabos. Se tritura y cuela.

Se abren los mejillones al vapor. Se trocean. Se pesa el pescado antes de añadirlo a la sopa. Se mezcla el pescado con la sopa, se sazona con sal, caldo vegetal y salsa de soja. Se cuece todo junto 10 minutos. Se puede añadir un poco del agua de los mejillones colada.

BOUILLABAISSE

4 gambas, 4 langostinos, 1 calamar, 200 g de rape, raya, 1 rata, 1 congrio, gato, 1 cabeza de merluza, 1 cabeza de rape, 250 g de mejillones y almejas, cangrejos, 100 g de cebolla deshidratada, 100 g de zanahorias, 100 g de puerros, 1 tallo de apio, 2 dientes de ajo, perejil, 1,5 cucharadas de aceite de oliva, 1 vaso de zumo de tomate natural sin azúcar 100 %, sal marina, caldo vegetal, pimienta, laurel, tomillo, 150 g de pan integral cortado a rebanadas.

Se prepara un caldo corto con la cebolla, las zanahorias, el apio, una pizca de caldo vegetal y una hoja de laurel. A los 20 minutos se añaden las cabezas de pescado (y los pescados que se hayan escogido: raya, rata, congrio, gato; la espinada de gallo también proporciona muy buena sopa). Se efectúa una ebullición rápida de 10 ó 12 minutos. Se desmenuza el pescado aprovechable, se machaca con la mano de mortero el resto y se cuela. Con la cucharada de aceite se prepara un sofrito añadiendo el puerro troceado, y cuando éste se reblandezca se incorporan el tomate, un ramita de tomillo y el calamar cortado a rodajas, y a los 10 minutos se añade el rape. Se salpimenta y cuece durante 5 minutos más. Se desmenuza el rape y se une al calamar y se reserva el resto de pescado. Se rocía una sartén con aceite de oliva y se asan los cangrejos. Seguidamente se pasan las gambas y los langostinos. Se agrega la media cucharada de aceite restante y una picada de ajos y perejil. Se pelan y se reservan las colas. Los cangrejos, las cabezas y los caparazones de las gambas se machacan con la mano de mortero y se cuela. Se mezclan todos los caldos con el sofrito de tomate y se cuece durante 5 minutos; después se cuela. Se abren las almejas y los mejillones al vapor y se aprovecha una tacita de su propio jugo para añadirlo posteriormente a la sopa. Se sirve el pescado en una fuente y en otra rebanadas de pan troceado untadas con ajo. La sopa se presenta muy caliente en una sopera.

BOUILLABAISSE

SOPA ROCOSA

2 kg de pescados: escorpena, gallina, rata, congrio, lucerna, cabeza de rape, galeras, etc., 1 cebolla, 1 zanahoria, 1 tallo de apio, 1 hoja de laurel, 3 dientes de ajo, perejil, 1 vaso de zumo de tomate natural sin azúcar 100 %, 1 cucharada de aceite de oliva, 150 g de arroz integral, sal marina, pimienta, caldo vegetal.

Se prepara un caldo con media cebolla, la zanahoria, el apio, la hoja de laurel y 1 diente de ajo. Se deja cocer todo durante 20 minutos. Se agrega todo el pescado y al cabo de 10 minutos se machacan bien todos los pescados y se cuela. Se repite la operación pero ahora se agrega un poco de agua. Para preparar un sofrito se ablanda en agua la mitad de la cebolla restante, se añade el tomate y se reduce. Se pican en el mortero los 2 dientes de ajos restantes y el perejil; cuando esté bien picado se agrega la cucharada de aceite y se une al sofrito. Se salpimenta. Se hierve el arroz en agua durante 40 minutos, después se escurre y lava. Se mezcla el caldo de pescado con el sofrito y el arroz, y se sazona con una cucharadita de caldo vegetal.

! TEN EN CUENTA

Esta sopa contiene la verdura controlada, y puesto que el arroz es un alimento rico en hidratos de carbono, conviene suprimir el pan correspondiente a la cena.

PURÉ DE BRUJAS

1 kg de espinacas, 1 cebolla, 4 huevos duros, 2 quesitos descremados, 40 g de queso rallado descremado, 2 cucharadas de leche desnatada en polvo, 1 cucharadita de agar-agar, caldo vegetal.

Cuando se quiera hacer un puré fino o una tortilla, se aprovecha solamente la hoja y se desecha el tronco. Se lavan bien, cambiando el agua varias veces, pues llevan mucha tierra. Primero se pone a hervir la cebolla, cortada a trozos, con un poco de agua. Después se agregan las espinacas y se cuece durante 10 minutos. Antes de sacarlas del fuego se agrega el agar-agar desleído con un poco de agua fría, se lleva a ebullición y se retira. Se mezclan con la batidora las espinacas, la cebolla, los quesitos, el caldo vegetal y la leche en polvo desnatada. Se reserva un poco de agua de la cocción por si quedara muy espeso. Se sirve en tazas. Se adorna con un huevo picado por taza y se espolvorea con queso rallado.

CREMA DE ANDARICAS

1 zanahoria, apio, 1 cebolla, 1 puerro, 2 tomates, 1 cucharada sopera de aceite de oliva, 2 cucharadas de coñac, 4 granos de pimienta negra, unas hojas de laurel, 1/2 kg de andaricas, 4 cucharadas de arroz, 1 cucharada de pimentón dulce en polvo, 1 dl de agua con 2 cucharadas soperas de leche en polvo desnatada, 1,5 l de fumé de pescado, sal marina.

Se vierte el aceite y un poco de agua en la tartera, se le añaden todas las verduras picadas y se dejan freír despacio con un poco de agua hasta que estén blandas. Se machacan las andaricas y se añaden a la tartera con las verduras y el pimentón. Se flambea todo con el coñac y se añade el arroz y el fumé de pescado o agua. Se deja cocer durante media hora, dándole vueltas para que no se pegue. A continuación, se tritura todo en la máquina y se pasa por un chino. Finalmente, se pone al fuego y se agrega la crema de leche concentrada (preparada con el agua y las 2 cucharadas soperas de leche desnatada Dietisol) y sal marina al gusto. Se sirve caliente.

CREMA DE TOMATE

1 l de zumo de tomate natural sin azúcar 100 %, 240 g de puerros, 240 g de cebolla deshidratada, 1 tallo de apio, 1 cucharadita de agar-agar, 4 cucharadas soperas de leche desnatada en polvo, sal marina, caldo vegetal, pimienta, nuez moscada.

Se hierven los puerros, las cebollas y el apio con el zumo de tomate hasta que estén blandos. Se trituran y cuelan. Aparte, se deslíe el agar-agar en un poco de agua fría, se hierve y se agrega a la crema de verduras. Se incorpora la leche, disuelta en agua fría, hasta obtener 1 l en total. Se sazona con sal, caldo vegetal, pimienta y nuez moscada

!

TEN EN CUENTA

De esta crema se puede tomar 1/4 l diariamente, ya que contiene la verdura controlada por persona correspondiente a medio día.

CREMA DE ESPÁRRAGOS

500 g de espárragos, 1,5 l de agua con caldo vegetal, 2 yemas de huevo, 2 cucharadas de leche desnatada en polvo, 100 cc de agua, 25 g de margarina, 1 cucharada de agar-agar, sal marina.

Se raspan, lavan y cortan las puntas de los espárragos. Se hierven en caldo vegetal durante 30 minutos. Se deslíe la leche en polvo en los 100 cc de agua, se sazona con sal y se lleva a ebullición. Se retira el caldo del fuego y se añaden las yemas y la margarina. Se bate bien. Se añaden los espárragos una vez pasados por el pasapurés o turmix. Se calienta la crema en el momento de servir sin dejarla hervir.

CREMA DE LECHUGA

1 lechuga, 2 cucharadas de cebolla deshidratada, 2 ajos, 1 cucharadita de aceite de oliva, 4 cucharadas de leche desnatada en polvo, caldo vegetal, sal marina, pimienta, 1/2 limón.

Para elaborar esta crema se puede aprovechar la parte más verde de un par de lechugas y reservar los cogollos para ensalada. Se lavan y trocean las hojas de lechuga y se hierven junto con la cebolla (la cebolla deshidratada, si se pasa en seco por la picadora, queda como una sémola y se cuece antes) durante 20 minutos; después se calienta la cucharadita de aceite y se sofríen los ajos y, antes de que tomen color, se agregan a la verdura hervida junto con la leche en polvo y una cucharadita de caldo vegetal. Se tritura y cuela la mezcla; se agrega un poco de pimienta y se vierten unas gotas de limón. Esta sopa tiene cierta consistencia cremosa, se puede consumir fría o caliente y se sirve en taza.

CREMA DE AVE

1 l de caldo vegetal, 4 cucharadas de leche desnatada en polvo, 200 g de pechuga de pollo asada a la plancha, 1 cucharadita de agar-agar.

Se prepara el caldo vegetal (véase la receta de "Caldo al gluten"). Se deslíe el agar-agar en un poco de caldo frío y se lleva a ebullición durante unos segundos. Se deslíe la leche en polvo en otro poco de caldo frío y se añade la mezcla al caldo. Se bate hasta formar una mezcla homogénea y cremosa. Se pican las pechugas de pollo, ya asadas a la plancha, y se reparten en 4 tazas. Se calienta y sirve en tazas junto con la pechuga de pollo picada.

TEN EN CUENTA

Esta crema contiene 50 g de alimento rico en proteínas por persona.

ESCUDELLA BARREJADA

120 g de zanahoria, 120 g de puerros, 60 g de nabos, 60 g de cebolla deshidratada, 60 g de chirivías, 2 ó 3 hojas de col y acelgas, 1 rama de apio, 2 pechugas de pollo deshuesadas, 1/4 kg de carne picada, 1 huevo, 1 cucharadita de agar-agar, 1 picada de ajo y perejil, salvado de trigo Redunat Fibra, sal marina, caldo vegetal.

En una olla con agua se ponen las pechugas, y cuando hierva se añaden todas las verduras cortadas en juliana, se agrega una pizca de caldo vegetal y se cuece durante 3/4 de hora. Con la carne se hacen unas albondiguillas de la siguiente manera: se coloca la carne picada en un plato con el huevo entero, el agar-agar, 2 cucharadas de salvado, la picada de ajo y perejil y un poco de sal. Se mezcla bien la masa y se forman unas bolas pequeñas, se rebozan con el salvado y se hierven en caldo 20 minutos. Se junta el caldo resultante con la escudella. Se sacan las pechugas, se trocean y se juntan con las albóndigas. Se pesan y se reparten por igual en cazuelas individuales. Se vierte la sopa caliente encima, junto con las verduras.

VERDURAS

SON INFINITAS LAS SEDUCCIONES

DEL MUNDO VEGETAL PARA LOS PALADARES

MÁS REFINADOS Y MEJOR EDUCADOS:

ES LA GRAN COCINA DE LAS VERDURAS

Y DE LAS HORTALIZAS.

MOUSSE DE ACELGAS

1 kg de acelgas, 3 huevos, 1 lata de atún asalmonado (60 g), 250 g de champiñones, 4 cucharadas de leche desnatada en polvo, ajo, perejil, sal marina, caldo vegetal, 20 g de queso rallado descremado, aceite de oliva.

Se lavan, trocean y cuecen las acelgas. Se asan los champiñones troceados y se les añade una picada de ajo y perejil. Se mezclan con la batidora las acelgas bien escurridas, los champiñones, el atún, la leche en polvo, las yemas de huevo, un poco de sal y una pizca de caldo vegetal. Finalmente se agregan las claras de huevo a punto de nieve y se mezcla suavemente de manera que resulte una masa homogénea y esponjosa. Se rocía un molde con aceite de oliva, se incorpora la masa, se espolvorea con queso rallado y se cuece en el horno, previamente calentado, durante unos 15-20 minutos (temperatura media). Finalmente se mantiene 5 minutos al grill. Se sirve sin sacarlo del molde y caliente.

TEN EN CUENTA

Esta mousse contiene 65 g de alimento rico en proteínas por persona.

ALCACHOFAS AL NATURAL

Alcachofas, 1 limón, sal marina, pimienta, 1 cucharada de aceite de oliva.

Se quitan las hojas externas de las alcachofas, se cortan las puntas, se frotan con limón y se abren ligeramente presionándolas boca abajo contra una superficie dura. Se sazonan con sal, pimienta y un chorro de limón. Se disponen en una fuente de horno con un poco de agua. Se cuecen en horno fuerte durante 30 minutos, hasta que las puntas se doren. Al servirlas se aliñan con unas gotas de aceite.

CARDOS AL NATURAL

Cardos, agua, sal marina, caldo vegetal, salsa mahonesa o salsa bechamel.

Se limpian de hebras los tallos de los cardos, se lavan y trocean. Se hierven en agua ligeramente sazonada con sal y se retiran cuando estén tiernos. Se escurren y espolvorean con caldo vegetal. Se acompañan con salsa mahonesa. Si se desean preparar con salsa bechamel, se espolvorean con queso rallado y se gratinan.

TEN EN CUENTA

Los cardos se incluyen en el grupo de verduras controladas.

PUDDING DE CHAMPIÑONES

1/2 kg de champiñones, 2 ajos picados, 1 cucharadita de perejil picado, 1 vaso de leche desnatada en polvo, 2 cucharaditas de aceite de oliva, 2 huevos, 1 cucharadita de agar-agar, sal marina, pimienta, limón, ensalada.

Se limpian los champiñones, se trocean y rocían con unas gotas de limón. Se asan en una sartén hasta que hayan absorbido su propio jugo. Se reservan. Con la cucharadita de aceite se sofríe el ajo y el perejil, se saltean los champiñones y se añade la leche. Se mantiene en cocción unos minutos y se salpimenta. Se baten los huevos y, fuera del fuego, se mezclan con los champiñones. Se añade una cucharadita de agar-agar. Se rocía un molde con aceite de oliva, se vuelca la mezcla y se cuece al horno durante 3/4 de hora. Se saca del molde cuando esté frío. Se puede acompañar con salsa de tomate y ensalada.

TEN EN CUENTA

Este pudding proporciona 30 g de alimento rico en proteínas a cada ración.

ESPINACAS AL GRATÉN

1,5 kg de espinacas al natural o 2 paquetes de 400 g congeladas, 1/4 kg de champiñones, queso descremado rallado, sal marina, caldo vegetal.
Para la salsa bechamel: 1/2 l de agua, 4 cucharadas de leche desnatada en polvo, 1 cucharadita de agar-agar, sal marina, caldo vegetal, nuez moscada, una bolita de margarina.

Se cuecen las espinacas al vapor. Se enfrían y luego se escurren con las manos. Se lavan y trocean los champiñones con ajo y perejil. Se mezclan con las espinacas.
Para preparar la salsa, se hierven el agua, la leche y el agar-agar. Se agrega un poco de sal, una pizca de caldo vegetal, unas raspaduras de nuez moscada y, por último, la margarina. Si no se usa inmediatamente, se remueve de vez en cuando para evitar que se forme gelatina. Se mezcla una cucharada de bechamel con las espinacas. Se coloca en una fuente para horno. Se cubren con una capa ligera de salsa, se espolvorean con queso y se gratinan. Se pueden acompañar con huevo duro.

ESPINACAS SALTEADAS

1,5 kg de espinacas, 1/4 kg de champiñones, ajo, perejil, sal marina, caldo vegetal, 1 cucharada de aceite de oliva.

Se lavan las espinacas y se cuecen al vapor. Se escurren, enfrían y exprimen con las manos. Se lavan y trocean los champiñones. Se asan a fuego vivo. Cuando estén dorados, se sazonan y se les añade una picada de ajo y perejil. Se aliñan con aceite. Se mezclan con las espinacas y se sirven calientes. Se puede emplear este plato para acompañar carnes o pescados.

GUISANTES CAMPEROLES

480 g de guisantes, 250 g de champiñones, 2 pechugas de pollo, 1 cucharada de cebolla deshidratada, 1/4 de zumo de tomate natural sin azúcar 100 %, ajo, perejil, sal marina, caldo vegetal, 1 cucharada de aceite de oliva, 2 huevos duros.

Se cuecen los guisantes ligeramente sazonados. Se lavan y cortan a láminas los champiñones; después se sazonan con sal. Se asan a fuego vivo y, al retirarlos, se les añade una picada de ajo y perejil. Se rehoga en aceite la cebolla previamente remojada y, cuando esté blanda, se reduce a fuego lento. Se sazona. Se asan las pechugas a la plancha, se pican y se añaden al sofrito cuando éste alcance su punto de cocción. Se mezcla todo con los guisantes. Se coloca en una fuente y se adorna con huevo duro.

TEN EN CUENTA

Este plato contiene la verdura controlada permitida en el almuerzo. Se calcula el alimento rico en proteínas pesando las pechugas de pollo una vez asadas, y se añaden al peso 120 g de los huevos duros.

ESPÁRRAGOS AL GRATÉN

1 lechuga o escarola, 3 ó 4 cebollas tiernas (60 g), 1 cucharada de aceite de oliva, 1 manojo de espárragos o 1 lata, 1 vaso con 2 cucharadas de leche desnatada en polvo, 1 cucharada de agar-agar, 40 g de queso parmesano, sal marina, caldo vegetal, pimienta, nuez moscada.

Se desecha la parte inferior de los espárragos por ser la más dura. Se raspan bien y se ponen en agua fría con sal a hervir durante 1/2 hora. Se comprueba el punto de cocción pinchándolos con un tenedor. Se escurren. Se lava y trocea la lechuga, se cuece al vapor 20 minutos. Se escurre y pica. Se cortan las cebollas a rodajitas, se ablandan en una sartén con la cucharada de aceite y un poco de agua. Se sazonan. Se hierve la leche, la mitad del queso, el agar-agar, un poco de nuez moscada, un poco de pimienta y una pizca de caldo vegetal. En una bandeja para horno se dispone una capa de salsa, después la lechuga bien picada mezclada con las cebollas, y se cubre con otra capa de salsa. Se colocan los espárragos y por último se tapa con el resto de la salsa. Se espolvorea con queso y se gratina.

MOUSSE DE ZANAHORIAS

400 g de zanahorias, 4 huevos, 4 quesitos descremados, 4 cucharadas de leche en polvo desnatada, 1 cucharadita de sal marina, 1 cucharadita de caldo vegetal, queso descremado rallado, aceite de oliva.

Se lavan, pelan, cortan y cuecen las zanahorias con poca agua. Se trituran con las yemas de los huevos, la leche, los quesitos, la sal y el caldo vegetal. Se montan las claras a punto de nieve y se mezclan con cuidado levantando la mezcla de arriba abajo, procurando que resulte esponjosa. Se calienta el horno. Se vierte la mousse en un molde untado con aceite de oliva y se espolvorea con queso rallado. Se cuece 15 minutos al horno y 5 minutos al grill.

TEN EN CUENTA

Contiene 100 g de verdura controlada por persona y 80 g de alimento rico en proteínas.

FARCELLETS DE COL
CON ROSSINYOLS

12 hojas de col, 1/2 kg de ternera a tacos, 1 cebolla, 1 zanahoria, 2 ajos, 200 cc de zumo de tomate natural sin azúcar 100 %, 1 ramita de tomillo, 20 g de harina integral, sal marina, pimienta, 1 cucharada de aceite de oliva, 1 tacita de caldo vegetal, 1/4 kg de rossinyols (girolas o cabrillas).

Para la salsa: 1 cebolla, 1 zanahoria, 1 pimiento verde, 2 ajos, perejil, laurel, 1 vaso de jugo de tomate natural sin azúcar 100 %, 1 vaso de vino tinto, 1 cucharada de aceite de oliva.

Se dora la carne en el aceite y se añaden la cebolla, la zanahoria y los ajos. Se agregan el tomate, el tomillo y un poco de agua. Se tapa y se cuece a fuego lento 30 minutos. Se pica la carne y se tritura. Se cuela la salsa y se pone de nuevo al fuego tras desleer en ella la cucharada de harina. Se añade la carne picada a la salsa y se liga con caldo vegetal. Se hierven las hojas de col 10 minutos, se lavan, se secan y rellenan con la carne. Se prepara un sofrito con los ingredientes de la salsa, se tritura y cuela. Se colocan en una cazuela los farcellets (hojas de col rellenas), se incorporan el sofrito, el vino, el laurel y las setas previamente asadas con ajo y perejil. Se cuece todo junto 20 minutos.

TOMATES FANTASÍA

4 tomates rojos y fuertes, 4 huevos muy frescos, 1 lechuga, 1 pepino, 1 cebolla, 1 zanahoria, 1 pimiento rojo asado, perejil.
Para la salsa fantasía: 1 huevo duro, 1 lata de atún asalmonado, 1/2 cebolla, 1 cucharada de vino blanco, 2 cucharadas de tomate natural sin azúcar 100 %, 1 cucharada de mahonesa o 1/2 cucharada de aceite de oliva, 1 cucharadita de caldo vegetal.

Se quita la parte superior de los tomates y se vacían con ayuda de una cuchara. Se hacen los huevos poché o para más comodidad se pone un cazo a hervir, se cuecen los huevos muy frescos pero no fríos de nevera durante 4 minutos. Se enfrían con agua, se pelan y ponen dentro de los tomates. Para hacer la salsa, se trituran el atún, la cebolla, el tomate sobrante de haberlos vaciado, la mahonesa o el aceite y las dos cucharadas de tomate natural sin azúcar 100 %, previamente reducido con el vino en una sartén y un poco de caldo vegetal. Se cortan la lechuga, la cebolla, el pepino, la zanahoria muy pequeños. Se pone una cucharada en cada tomate y el resto como base debajo de cada uno. Se adereza con la salsa y se decora con tiritas de pimiento.

CHAMPIÑONES SALTEADOS

Se disponen los champiñones en una sartén antiadherente después de lavados y troceados. Se sazonan con sal marina y pimienta. Se cuecen a fuego vivo con una cucharada de aceite de oliva. Al retirarlos del fuego se añade una picada de ajo y perejil.

COLIFLOR GRATINADA

1 coliflor grande, 1/4 de salsa bechamel, 2 yemas de huevo, caldo vegetal, sal marina, pimienta, queso descremado rallado.

Se lava la coliflor y se separan los brotes. Se cuece la coliflor en agua hirviendo y se sazona con sal marina y caldo vegetal. Cuando esté tierna, se retira y escurre. Se prepara la salsa bechamel y se le añaden las yemas de huevo. En una fuente para horno se dispone una capa fina de salsa y encima la coliflor. Se cubre ligeramente con otra capa de la misma salsa. Se espolvorea con queso rallado y se gratina.

PASTEL DE VERDURAS

120 g de guisantes, 120 g de zanahorias, 120 g de puerros, 60 g de nabos, 200 g de judías verdes sin grano, 200 g de espinacas, 3 huevos enteros, 1 huevo duro, 3 cucharadas de salsa de tomate natural sin azúcar 100 %, sal marina, salvado de trigo Redunat Fibra, 1 molde de budín.
Para la salsa: 1 cucharada de cebolla deshidratada, 100 g de champiñones, 1 vaso de leche en polvo desnatada, 1 cucharada de aceite de oliva, sal marina, pimienta y caldo vegetal.

Se limpian las verduras. Se pelan y trocean las zanahorias, se trinchan los puerros y se cuece todo por separado. Se unta el molde con aceite de oliva y se espolvorea con salvado. Se dispone una primera capa de verdura cocida en el fondo del recipiente, y se alternan capas de salsa, previamente preparada con los huevos y el tomate sazonados con sal. Se procura que la última capa sea la de las espinacas. Se coloca el molde en el horno al baño María durante 1 hora hasta que, pinchando la masa con una aguja, ésta salga seca. Se saca del molde cuando esté totalmente frío.
Se procede a preparar la salsa. Con una cucharadita de aceite se dora la cebolla ligeramente (previamente pasada por la picadora en seco). Se añaden los champiñones. Cuando se haya evaporado el agua, se mantiene la cocción unos minutos más. Se pasa todo por la picadora con ajo y perejil. Se coloca de nuevo la salsa al fuego, se agrega la leche y se mantiene la cocción suave. Se cubre el pastel con la salsa y se sirve el resto en una salsera. Se acompaña con huevo duro.

NABOS CON SALSA DE ROQUEFORT AL GRATÉN

480 g de nabos negros o blancos, 1 vaso de leche desnatada en polvo, 40 g de queso Roquefort, 1 cucharadita de agar-agar, sal marina, caldo vegetal, 20 g de queso descremado rallado, 1 cucharadita de margarina.

Se raspan, lavan y parten los nabos; se ponen a hervir con agua y el vaso de leche con un poco de sal. Cuando estén tiernos se escurren y con el caldo restante se hace la salsa para gratinar.

Para preparar la salsa, se tritura el queso con el jugo de la cocción de los nabos (1/4 l aproximadamente; si no lo hubiera, se completa con leche desnatada), el agar-agar y una pizca de caldo vegetal. Se lleva a ebullición y se agrega la margarina. Se cubre una bandeja para el horno con una fina capa de salsa, se ponen encima los nabos y se cubren con el resto de la salsa. Se espolvorean con queso y se gratinan.

! TEN EN CUENTA

Los nabos pertenecen a la familia de las verduras controladas. El queso Roquefort, al no ser descremado, hay que contar 20 g de alimento rico en proteínas por persona.

NIDO

1 coliflor grande, 4 huevos, 4 cucharadas de salvado de trigo Redunat Fibra, 1 cucharada de leche desnatada en polvo, 40 g de queso descremado rallado, sal marina, pimienta, caldo vegetal, aceite de oliva.

Se lava y hierve la coliflor (una cucharadita de leche en polvo en el agua de cocción evita que al cocerla la coliflor desprenda olor). Se escurre. En un plato grande se desmenuza la coliflor con un tenedor, se mezclan con ella 20 g de queso, el salvado, la cucharada de leche, un poco de pimienta y una pizca de caldo vegetal. Se rocían con aceite de oliva 4 platos resistentes al horno. Se reparte la coliflor en los platos. Se hace un hueco en el centro, y se pone el huevo entero, se espolvorean con queso y se gratinan, procurando que la yema del huevo no se cuaje.

! TEN EN CUENTA

Este plato contiene 70 g de alimento rico en proteínas.

PIMIENTOS COMPLETOS

4 pimientos rojos y grandes, 2 pechugas de pollo, 300 g de carne, 2 huevos enteros, 3 ajos, perejil, sal marina, caldo vegetal, pimienta, 2 quesitos descremados, 1 cucharadita de agar-agar, 1 cucharada de salvado de trigo Redunat Fibra, papel de aluminio.
Para la menestra: 1/2 kg de judías verdes, 1/2 kg de champiñones.

Se pican las pechugas y la carne, se añaden los huevos, el agar-agar, el Redunat Fibra, los quesitos, los ajos troceados, perejil, sal, caldo vegetal y un poco de pimienta. Se lavan los pimientos y se vacían por la parte superior. Se rellenan y se ponen en una fuente cubiertos con un papel de aluminio. Se asan durante 3/4 de hora al horno. Se pueden acompañar con las judías verdes al vapor y los champiñones a la plancha.

PANACHÉ DE VERDURAS

4 calabacines, 1 huevo, 2 cucharadas de leche en polvo descremada, 240 g de guisantes, 240 g de alcachofas, 250 g de judías verdes sin grano, 2 huevos duros, 1 pimiento morrón, 1 limón, 1/2 de zumo de tomate natural sin azúcar 100 %, sal marina, caldo vegetal, 1 bote de espárragos, 40 g de queso descremado rallado.

Se raspan, lavan, trocean y cuecen los calabacines. Se trituran sin agua y se les añade una yema de huevo, la leche en polvo y una pizca de caldo vegetal. Se cuecen los guisantes y las judías cortadas en juliana. Se escurren bien. Se quitan las hojas externas de las alcachofas, se cortan las puntas y se frotan con limón. Se cuecen en agua con una piel de limón. Se retiran cuando estén tiernas y se escurren. Se colocan el puré de calabacín en una fuente para horno y se disponen encima los guisantes y las judías. En los extremos de la fuente se colocan las alcachofas partidas en 4 trozos y en el centro, los espárragos. Se adorna con mitades de huevo duro y tiritas de pimiento morrón. Se espolvorea con queso y se gratina. Se prepara una salsa de tomate para acompañarlo.

MENESTRA DE VERDURAS

500 g de judías tiernas, 240 g de guisantes, 120 g de zanahorias, 1 cucharada de cebolla deshidratada, 2 dientes de ajo, perejil, 500 g de champiñones, 1 lata de atún asalmonado (60 g), 3 huevos duros, 1 lata de puntas de espárragos, 1 cucharadita de aceite de oliva, 4 cucharaditas de salsa mahonesa, caldo vegetal.

Se hierven al vapor, o con poca agua, las judías, los guisantes y las zanahorias, muy troceadas, durante 20 minutos. Se escurren. En una sartén se pone una cucharadita de aceite, se dora la cebolla previamente remojada, se añaden los champiñones, se cuecen hasta que hayan absorbido su propio jugo y se mezcla ahora con una picada hecha con los ajos y el perejil. Se une el atún a las verduras y se remueve. Se coloca la menestra en una fuente de servir. Se adorna con rodajas de huevo duro y las puntas de los espárragos.

TEN EN CUENTA

Este plato contiene 90 g de verdura controlada y 60 g de alimento rico en proteínas por persona.

ESCALIVADA

Pimientos rojos (los que se deseen), berenjenas, aceite de oliva, sal marina, pimienta.

Se dispone en una fuente para horno los pimientos y las berenjenas que se deseen. Se introduce la fuente en el horno con el gratinador al máximo. Mientras se van asando se les da vueltas para que no se quemen. Una vez finalizado el asado, se envuelven las piezas en papel de aluminio y se dejan enfriar para poder pelarlas mejor después. Se reserva el líquido que desprenda el interior de los pimientos, se pelan, se les quitan las pepitas y se cortan a tiras. Se sumergen en su propio jugo. Se procede de igual modo con las berenjenas. Se salpimentan las dos verduras. Se sirven y aliñan con unas gotas de aceite.

TEN EN CUENTA

Los pimientos son verduras que no precisan control. Pero la berenjena no debe sobrepasar los 120 g por ración.

PIPIRRANA

1 lechuga, 1 pepino, 2 pimientos verdes, 2 ajos tiernos asados, 200 g de bacalao seco, 2 tomates rojos y duros, 1 limón, sal marina, 1 cucharada de aceite de oliva.

Se lava la lechuga, se trocea y se deja en agua. Se monda el pepino, se desechan las puntas y se corta a rodajas. Se cortan los pimientos a cuadraditos. Se machacan los ajos en el almirez y se les agrega el aceite. Se deshila y remoja el bacalao, aclarándolo varias veces en agua. Se escurre comprimiéndolo con las manos. Se dispone todo en una fuente, se añaden los tomates troceados, se sazona con sal y se aliña con zumo de limón. Se sirve fresco.

ENDIBIAS ESTOFADAS

12 endibias, 1 cucharada de cebolla deshidratada, 1/4 de zumo de tomate natural sin azúcar 100 %, 3-4 dientes de ajo, 1 limón, 1 tacita de caldo vegetal, sal marina, perejil, pimienta, 1 cucharada de aceite de oliva.

Una vez limpias, se cuecen las endibias en agua salada durante 10 minutos. En una cazuela se sofríe la cebolla deshidratada, previamente remojada, con el aceite y, cuando esté blanda, se agregan las endibias rociadas con limón, el zumo de tomate, una picada de ajo y perejil, y la tacita de caldo. Se sazona todo con sal y pimienta y se deja cocer durante 15 minutos. Se sirve caliente.

PASTEL A LA REINA

6 huevos, 1/2 kg de espinacas, 1 lata de atún asalmonado, 1/4 kg de champiñones, ajo, perejil, 1 cucharada de cebolla deshidratada, 1 calabacín, 1 pimiento verde, 1/2 berenjena, 2 cucharadas de aceite de oliva, salsa de tomate, bechamel, queso descremado rallado, sal marina, caldo vegetal, nuez moscada.

Se cuecen las espinacas al vapor. Se enfrían y se escurren. Se rocía una sartén con aceite de oliva, se trocea un ajo, se sofríe y se pasan las espinacas con el atún desmenuzado. Se baten 2 huevos y se hace una tortilla. Se lavan los champiñones, se cortan a láminas y se rehogan con la mitad del aceite a fuego fuerte. Se sazonan con sal y pimienta y se espolvorean con ajo y perejil. Se dan un par de vueltas y se hace la segunda tortilla de 2 huevos. En una sartén se ablandan la cebolla, el pimiento, el calabacín y la berenjena con el resto del aceite y un chorrito de agua. Se cocina tapado y a fuego lento hasta que todo esté blando. Se hace la tercera tortilla. Se pone en una fuente de horno una capa de salsa de tomate, una tortilla, otra capa de tomate y otra tortilla, una tercera capa de tomate, la tercera tortilla, y para terminar se cubre con salsa bechamel. Para hacerla, se hierve 1/4 l de agua, 2 cucharadas de leche desnatada, se sazona con sal, caldo vegetal, nuez moscada y la mitad del queso rallado. Se espolvorea el pastel con queso y se gratina.

PASTEL A LA REINA

ARROCES Y PASTAS

TIENE LARGA HISTORIA Y BRILLANTE
TRADICIÓN LA COCINA DEL ARROZ
EN NO POCAS GEOGRAFÍAS ESPAÑOLAS.
Y CIERTAS PASTAS, DE ORIGEN ITALIANO,
HAN ADQUIRIDO CARTA DE NATURALEZA
EN ALGUNAS DE NUESTRAS COCINAS.

ARROZ DE PRIMAVERA

200 g de arroz integral en crudo, 250 g de judías verdes, 120 g de zanahorias, 120 g de guisantes, 240 g de tomates rojos y duros, 2 latas de atún asalmonado, 4 huevos duros, salsa vinagreta, sal marina, caldo vegetal, Pecva líquido.

Se pone el arroz en remojo durante unas 12 horas antes de preparar el caldo. Se cuece en abundante agua con sal durante 45 minutos. Se escurre y se pasa por agua fría. Se coloca en forma de corona en una fuente. Se cuecen las judías, los guisantes y las zanahorias, cortados en juliana, con poca agua o al vapor. Se disponen las verduras en el centro de la corona de arroz. Se rallan los tomates y si fuera necesario se agregan unas gotas de edulcorante para neutralizar la acidez. Se sazona con sal y caldo vegetal. Se cuece a fuego lento hasta reducir la salsa a la mitad y se incorpora el atún asalmonado. Se vierte la salsa en el centro de la corona de arroz con las verduras. Se rallan los huevos y se rodea la corona. La salsa vinagreta se sirve en salsera.

GALETS DE PESCADO
AL GRATÉN

200 g de galets al gluten, 150 g de gambas, 150 g de merluza, 150 g de rape, 150 g de sepia, 120 g de cebolla rallada, 360 g de tomate rallado, ajo y perejil, sal marina y caldo vegetal, pimienta, 1 cucharada de aceite de oliva, 20 ó 30 g de queso rallado.

Se hierven los galets con abundante agua con sal, a fuego regular durante 15 ó 20 minutos. Se escurren, lavan y dejan en agua hasta el momento de su utilización. Se pone la mitad del aceite de oliva en una cazuela, se sofríen ligeramente las gambas, cuando cojan color se retiran. Con el resto del aceite se rehoga la sepia troceada; en el momento de sacarla del fuego se le añade una picada de ajo y perejil y se reserva. En la misma cazuela se ablanda la cebolla con un poco de agua; cuando coja color, se añade el tomate, se sazona con sal y pimienta. Se rehogan durante 5 minutos la merluza y el rape, añadiendo un poco de caldo vegetal si fuera necesario. Se saca el pescado del sofrito, se quitan las espinas y se desmenuza. Luego se junta con las colas de gambas peladas y la sepia. Se cuece junto con el sofrito unos minutos. Se escurren los galets, se mezclan con el sofrito, se espolvorean con queso y se gratinan.

ARROZ AL CURRY

200 g de arroz crudo, 1 cebolla, 150 g de champiñones, 2 g de curry, 1/2 l de agua con caldo vegetal, sal marina, pimienta, 1 cucharada de aceite de oliva.

En una cazuela se rehoga con aceite la cebolla picada, sin que se llegue a dorar. Se agregan los champiñones previamente cortados a láminas finas. Se cuecen durante 2 minutos y se sazona con sal, pimienta y curry. Se añade el arroz, se mantiene durante unos segundos removiéndolo y se vierte el caldo vegetal caliente. Se lleva a ebullición y se tapa la cazuela. Se mantiene unos instantes y se pasa del fogón al horno ya caliente, donde permanecerá 18 minutos. Se retira del horno y se tiene tapada la cazuela 8 minutos. Se sirve en la misma cazuela.

ARROZ VEGETAL

160 g de arroz integral o blanco, 1 alcachofa (60 g), 60 g de zanahorias, 120 g de berenjenas, 120 g de guisantes, 2 ó 3 cogollos de coliflor, 1 pimiento verde, 250 g de judías verdes, 250 g de champiñones, 1 limón, 250 cc de zumo de tomate natural sin azúcar 100 %, 4 ajos, perejil, 2 cucharadas de aceite de oliva, sal marina, caldo vegetal, azafrán.

TEN EN CUENTA

Se puede consumir el arroz cada 15 días. Este plato contiene 40 g de arroz por persona. Conviene suprimir el pan de la cena si este plato se incluye en el menú del día.

Se trocean todas las verduras y se rehogan en una paella con el aceite y a fuego lento. Se les incorporan los champiñones, previamente asados con aceite de oliva, junto con una picada de ajo y perejil. Se les agrega el tomate y se reduce ligeramente. Se añaden el caldo vegetal y el azafrán. Si el arroz es integral se cuece en agua durante 1/2 hora, se refresca y se vuelve a cocer con el sofrito durante 15 minutos más. Se sazona con un poco de sal.

PAELLA NATURHOUSE

PAELLA NATURHOUSE

200 g de arroz en crudo, 400 cc de agua, 4 gambas, 4 cigalas, 1 sepia, 1 calamar, 1/4 de mejillones, 1/4 de almejas, 1/2 pollo o 1/2 conejo, 100 g de ternera, 2 alcachofas, 1 pimiento rojo asado, 1/2 l de zumo de tomate natural sin azúcar 100 %, 2 dientes de ajo y perejil, 100 g de guisantes, 1 cucharada sopera de aceite de oliva, sal marina, caldo vegetal y 1 limón.

Se pone el aceite en una paella, cuando esté caliente se pasan las gambas y cigalas, se retiran. Se sofríe el conejo o pollo y la carne bien troceada, a medio hacer, se añaden las alcachofas y el pimiento verde a trozos, después se ponen las sepias y el calamar. Cuando se haya desprendido toda el agua se añade la picada de ajo y perejil y se sofríe. Ahora se añaden el tomate y la sal. Los mejillones y las almejas se abren al vapor, se quita una valva, se reserva parte de su jugo colado, que se añade al agua con un poco de caldo vegetal para hacer la paella. Se pone el agua en la paella, se deja hervir unos minutos. Aparte se hierve el arroz con agua durante 5 minutos, se lava con ayuda de un colador, para quitarle el almidón, y se agrega ya a la paella con los guisantes, las gambas y las cigalas. Se adorna con los mejillones, almejas y tiritas de pimiento rojo. Se rocía con zumo de limón en el momento de apagar el fuego. Tiempo de cocción: 18 minutos.

TOMATES CON ARROZ

4 tomates rojos y duros, 100 g de arroz integral en crudo, 1 ajo, perejil, 1 cucharada de aceite de oliva, 1 cucharada de vinagre de sidra, sal marina, pimienta, 1 pimiento asado.

Se hierve el arroz en abundante agua con sal. Se escurre y se pasa por un poco de agua fría. Se escurre de nuevo. Se lavan los tomates y se cortan un redondel en la parte del tallo para vaciarlos. Se sazonan con sal y se colocan boca abajo en un plato. En el vaso de la batidora se ponen la pulpa de los tomates, el ajo, el aceite, el vinagre, un poco de sal y pimienta. Se tritura y cuela. Se aliña el arroz con esta salsa. Se rellenan los tomates con el arroz aliñado y se adornan con tiritas de pimiento rojo.

CORONA DE ARROZ
CON FRUTOS DEL MAR

200 g de arroz integral en crudo, 250 g de calamares, 150 g de gambas, 250 g de mejillones, 150 g de almejas, 1 cucharada de cebolla deshidratada, ajo, perejil, 400 cc de zumo de tomate natural sin azúcar 100 %, 1 cucharada de aceite de oliva, sal marina, caldo vegetal.
(El arroz integral se cuece más rápidamente si antes se deja en remojo unas horas.)

TEN EN CUENTA

El día que se tome arroz hay que suprimir la verdura controlada y el pan.

Se hierve el arroz en agua durante 45 minutos y se añade una pizca de caldo vegetal. Se escurre, se aclara y se deja escurriendo durante 5 minutos. Se coloca en un molde con forma de corona. Se abren los mejillones y las almejas al vapor. Se retiran las conchas y se apartan algunas que se utilizan para adornar al final. En una cazuela con aceite se sofríen las gambas y se retiran, seguidamente se dora la cebolla, y cuando empiece a tomar color se incorpora el tomate y se sazona con sal y caldo vegetal; se cuece durante unos minutos. A continuación se añaden los calamares cortados a rodajas y se dejan cocer hasta que estén tiernos; en este punto, se incorporan el ajo y el perejil muy picados y seguidamente los mejillones y las almejas. Se cuece todo durante unos minutos y se retira del fuego. Se coloca el arroz en una fuente y se vierte la salsa en el hueco central. Se adorna con las gambas peladas y los mejillones.

ARROZ CON ALMEJAS

200 g de arroz en crudo, 500 g de almejas, 2 dientes de ajo, 1 pimiento verde, 1 cucharada sopera de aceite de oliva, 1,5 l de caldo vegetal, perejil picado, sal marina.

En una cazuela de barro se ponen el aceite y el pimiento verde, troceado, hasta que éste se ablande un poco. A continuación se añade el ajo picado y, cuando empiece a dorarse, se agregan el arroz y las almejas. Se rehoga. Se añade una buena cantidad de perejil picado y se cubre el conjunto con el caldo (el volumen del caldo ha de ser tres veces superior al del arroz). Se mantiene a fuego fuerte durante 20 minutos y, cuando el arroz esté casi hecho, se retira y se deja reposar 5 minutos.

CANELONES DE ESPINACAS

4 huevos, 1 kg de espinacas, 1 ó 2 latas de atún asalmonado, 1/4 kg de champiñones, ajo y perejil, 2 cucharadas soperas de leche desnatada en polvo, 100 cc de agua, 1 cucharadita de agar-agar, caldo vegetal, aceite de oliva, 1/2 l de zumo de tomate natural sin azúcar 100 %.

Se lavan las espinacas, se cuecen al vapor durante 7 minutos. Se escurren muy bien. Se mezclan con el atún y los champiñones troceados y hechos a la plancha con ajo y perejil. Se prepara una salsa bechamel con la leche, el agua, el agar-agar polvo y caldo vegetal, después se mezcla con las espinacas. No es necesario poner sal al hervir las espinacas, ya que al mezclarlas con el atún y la salsa bechamel hecha con caldo vegetal ya es suficiente. Con un huevo se confeccionan 2 tortillas planas con la ayuda de aceite de oliva. Cuando se tengan las 8 tortillas, se rellenan con las espinacas, en forma de canelón. Se cubren con salsa de tomate o si se prefiere se pueden gratinar al horno con un poco de bechamel y queso rallado.

CANELONES NATURHOUSE

4 huevos, 300 g de ternera, 300 g de buey, 200 g de pechuga de pollo, 100 g de hígado, 120 g de cebollas, 3 ó 4 ajos, 1 hoja de laurel, tomillo, pimienta, caldo vegetal, 1/4 l zumo de tomate natural sin azúcar 100 %, 1 copita de vino blanco, 1 tacita de caldo vegetal, salsa bechamel, queso descremado rallado, 1 cucharada de aceite de oliva.

Con la cucharada de aceite se rehoga toda la carne mal cortada. Cuando empiece a dorarse, se añaden la cebolla troceada y los ajos enteros. Cuando la cebolla esté blanda se vierte el vino, se cuece un poco y seguidamente se ponen el tomate, el caldo y las hierbas. Se tapa y cuece hasta que la carne esté tierna. Se pasa por la máquina de trinchar. Obtenida la carne picada, se agregan unas cucharadas de bechamel, para conseguir un relleno más cremoso. Se hacen 8 tortillas planas y se rellenan. Se cubren con la salsa bechamel, se espolvorean con queso rallado y se gratinan.

! TEN EN CUENTA

Se pesan 190 g de carne para el hombre y 140 g para la mujer, que juntamente con el peso del huevo, suman la cantidad de alimento rico en proteínas, correspondiente a la comida.

CANELONES NATURHOUSE

HUEVOS

CONSPICUA, EXQUISITA Y POPULAR ES
LA COCINA ESPAÑOLA A BASE DE HUEVOS.
QUIZÁS UN TANTO OLVIDADA
EN LAS MESAS PÚBLICAS, MANTIENE
UN CONSOLIDADO PROTAGONISMO EN
ALGUNAS DE NUESTRAS COCINAS.

HUEVOS BLANDOS
CON ESPINACAS

800 g de espinacas congeladas, 4 quesitos descremados, 4 huevos escalfados, 4 cucharadas de leche desnatada en polvo, sal marina, caldo vegetal, 1 cucharadita de agar-agar.

Se cuecen las espinacas al vapor durante 5 minutos. Se trituran con los quesitos, la leche en polvo, una pizca de caldo vegetal y el agar-agar. Se forma un puré muy espeso. Se dispone repartido en 4 platos resistentes al horno. Se preparan los huevos escalfados y se coloca uno en cada plato.

TORTILLA DE AJOS TIERNOS
Y GAMBAS

1 manojo de ajos tiernos, 1/4 kg de gambas, 6 huevos, 1 limón, sal marina, pimienta, 1 cucharada de aceite de oliva, ajo y perejil, 1 lechuga, 1 vasito de leche descremada.

Se limpian los ajos, se trocean y sofríen en una sartén con la cucharada de aceite y un poco de agua. Se asan las gambas con aceite de oliva y se pone un poco de sal y pimienta, ajo y perejil. Se enfría, se pelan y trocean las colas. Se mezclan con los ajos tiernos. Se machacan los caparazones de las gambas con el vasito de leche. Se baten los huevos y se agregan a la leche. Se rocía una sartén antiadherente con aceite de oliva y se confecciona una tortilla grande o cuatro pequeñas. Se acompaña con lechuga.

TEN EN CUENTA

Hay que tener en cuenta el peso de las gambas y el de los huevos para poder calcular el alimento rico en proteínas según sea para la comida o la cena.

HUEVOS AL PLATO CON GUARNICIÓN

8 huevos, 2 tomates, 4 lonchas de queso descremado dietético, 1 lata de espárragos, 1/4 kg de guisantes, sal marina y caldo vegetal.

Se disponen unas rodajas muy finas de tomate en el fondo de 4 platos resistentes al horno. Se introducen al horno 5 minutos. Se colocan encima del tomate 2 huevos en cada plato. Al cabo de unos minutos de estar al horno se coloca una loncha de queso encima de cada uno. Se acompaña con los espárragos y los guisantes hervidos previamente con un poco de caldo vegetal.

TORTILLA DE SETAS

4 huevos, 2 latas de robellones, ajo, perejil, sal marina, caldo vegetal, 1 cucharada de aceite de oliva.

Se lavan bien las setas, se trocean y se ponen al fuego en una sartén rociada con aceite de oliva. Cuando se haya reducido el agua que sueltan, se pone el aceite y se doran. Se añaden una picada de ajo, perejil y una pizca de sal. Se baten los huevos, se sazona con caldo vegetal y se hace una tortilla grande o dos pequeñas. Se puede acompañar con la lechuga o, si se come en el almuerzo, con alcachofas al horno.

HUEVOS DE PRIMAVERA

4 huevos duros, 240 g de atún asalmonado, 50 g de pimiento morrón en conserva, 4 cucharaditas de mahonesa, sal marina al gusto.

Se mezclan las yemas de los huevos con el atún y la mahonesa. Se rellenan y adornan con tiritas de pimiento morrón. Se sirven fríos.

HUEVOS SUCULENTOS

6 huevos, 200 g de champiñones, 30 g de queso descremado rallado, 1 cebolla, 1 cucharadita de perejil, sal marina, caldo vegetal, 1 cucharadita de aceite de oliva.
Para la salsa: 1/2 l de agua, 4 cucharadas de leche desnatada en polvo, 30 g de queso descremado rallado, 1 yema de huevo, caldo vegetal, nuez moscada, 1 cucharadita de margarina.

Se hacen los huevos duros. Una vez pelados, se cortan por la mitad, se sacan la yemas y se reservan. En una sartén antiadherente, se rehoga ligeramente la cebolla muy picada con la cucharadita de aceite; se añaden los champiñones previamente lavados y picados y se cuecen a fuego fuerte. Se sazonan. Se agregan el perejil picado y las yemas de huevo. Se añade un poco de leche si este preparado quedara muy espeso. Se rellenan los huecos dejados por las yemas, procurando que el relleno cubra toda la superficie del huevo.

Para preparar la salsa:
Se hierven el agua, la leche y el queso rallado. Apagado el fuego, se ponen el caldo vegetal, la margarina y la yema de huevo. En una fuente de servir, resistente al horno, se extiende una ligera capa de salsa, se colocan los huevos, se cubren con el resto de la salsa, se espolvorea todo con el queso y se gratinan.

HUEVOS SUCULENTOS

TORTILLA DE MERLUZA

400 g de merluza, 8 huevos,
240 g de cebolla deshidratada,
1 limón, sal marina, pimienta,
1 cucharada de aceite de oliva.

Se lava la merluza, se rocía con limón y se deja en maceración durante 1/2 hora. Se cuece al vapor, sazonada con sal y pimienta, durante 5 minutos. Se ablanda la cebolla en una sartén con un poco de agua y aceite. Cuando esté ablandada, se le añade la merluza desmenuzada y sin espinas. Se preparan 4 tortillas, de 2 huevos cada una, con la merluza, en una sartén rociada con aceite de oliva. Se procura que queden jugosas y blandas.

TORTILLA DE ATÚN

4 huevos, 2 latas de atún asalmonado, zumo de tomate natural sin azúcar 100 %, 1/2 cucharada de margarina.

Se mezclan los ingredientes en el plato, se baten y se dejan reposar un momento; a continuación se cuecen en la sartén rociada con aceite de oliva, como una tortilla normal.

PASTEL DE TORTILLAS FRÍO

6 huevos, 220 g de berenjenas, 1 calabacín, 2 pechugas de pollo, 3-4 cucharaditas de cebolla deshidratada, sal marina, pimienta, 1 cucharadita de aceite de oliva, salsa de tomate, salsa mahonesa, 1 tacita de caldo vegetal, 1 lechuga, aceite de oliva.

En una sartén rociada con aceite de oliva se rehogan, a fuego lento, las berenjenas y el calabacín con un poco de caldo vegetal. Cuando las verduras estén blandas, se agregan 2 huevos ya batidos y se hace una tortilla. Se asan las pechugas a la plancha, sazonadas con un poco de sal y pimienta. Se trinchan y se prepara una segunda tortilla de 2 huevos. Se rehoga la cebolla, previamente picada, en una cucharadita de aceite con el caldo vegetal y, cuando esté blanda, se prepara una tercera tortilla de 2 huevos. Se monta el pastel colocando un poco de mahonesa entre las tortillitas y se cubre por encima con salsa de tomate. Se acompaña con lechuga.

ESTRELLA DE MAR

4 huevos, 500 g de merluza, 250 g de champiñones, 500 g de mejillones, 600 cc de zumo de tomate natural sin azúcar 100 %, 50 g de almejas, 1 cucharada de cebolla deshidratada, sal marina, caldo vegetal, pimienta, 20 g de margarina, 1 1/2 limón.

Se cuece la merluza al vapor, con un poco de pimienta y un chorro de limón; se le quita la piel, las espinas y se pesa. En una cazuela se pone la margarina, se ablanda la cebolla, previamente remojada; antes de que se dore, se añaden los champiñones cortados a láminas, se rehogan a fuego fuerte 5 minutos, a continuación se añaden el pescado desmenuzado y una cucharada de zumo de tomate. Se cuece unos minutos y se retira del fuego. Se hacen 4 tortillas redondas y planas. Se rellenan con el picadillo que se acaba de preparar. Se lavan los mejillones y las almejas. Se abren al vapor por separado y se les quita una valva. En una fuente de servir redonda se colocan las tortillas en forma de cruz, intercalando en los espacios vacíos, dos con mejillones y otros dos con las almejas. Se corta el limón en 4 trozos y se coloca también en la fuente. Con el zumo de tomate se prepara una salsa con un poco de sal, pimienta y caldo vegetal. Se sirve en salsera.

TEN EN CUENTA

Para calcular el alimento rico en proteínas de este plato se debe tener en cuenta el peso de la merluza, mejillones, almejas y huevos.

TORTILLA DE PUERROS GRATINADA

360 g de puerros, 4 huevos, 1/2 vasito de leche desnatada en polvo, 1 cucharadita de margarina, 40 g de queso rallado descremado, 2 cucharadas de salvado de trigo Redunat Fibra, aceite de oliva, sal marina.

Se cortan los puerros a rodajas finas y se disponen en una cazuela con un poco de agua. Se mantiene a fuego lento durante 20 minutos. Cuando estén blandos se agrega la margarina y se doran ligeramente. Se baten los huevos, se sazonan y se agregan la leche, el Redunat Fibra, la mitad del queso y se incorporan los puerros. Se prepara una tortilla con aceite de oliva. Se espolvorea el resto del queso sobre la tortilla y se gratina 5 minutos antes de servirla.

TEN EN CUENTA

Los puerros forman parte de la verdura controlada del día. Este plato contiene 70 g de alimento rico en proteínas por persona.

TORTILLA DE PUERROS GRATINADA

PESCADOS

COMO CORRESPONDE A UNA GEOGRAFÍA PENINSULAR E INSULAR, ESPAÑA ES PAÍS RICO EN PRODUCTOS DEL MAR Y PRACTICA UNA COCINA MARINERA POSIBLEMENTE ÚNICA EN EL MUNDO POR LA DIVERSIDAD DE LAS FÓRMULAS Y DE LAS MATERIAS PRIMAS.

MEJILLONES O ALMEJAS
A LA MARINERA

2 kg de mejillones, 1 l de zumo de tomate natural sin azúcar 100 %, 2 cucharadas de cebolla deshidratada, 4 dientes de ajo, 1 cucharadita de apio picado, 1 cucharada de salsa de soja, 1 hoja de laurel, perejil, caldo vegetal, pimienta, 1 cucharada de aceite de oliva.

Se sofríe la cebolla, previamente remojada, con el aceite en una cazuela de barro. Cuando empiece a dorarse se añade el tomate, se reduce un poco y, al cabo de unos momentos, se agregan el apio, el ajo y el perejil picado. Se sazona con caldo vegetal y salsa de soja. Se pone la hoja de laurel y se mantiene la cocción durante 10 minutos. Se lavan y raspan bien los mejillones. Se abren al vapor y se separa una valva. Se incorporan a la cazuela con la salsa y se dejan cocer unos minutos. Si fuera necesario, se agrega un poco del agua con que se abrieron los mejillones. Si se desean picantes, se añade un poco de guindilla.

MEJILLONES NATURHOUSE

1 kg de mejillones, 1/4 l zumo de tomate natural sin azúcar 100 %, 1 cucharada de aceite, 2 cucharadas de salvado de trigo Redunat Fibra molido, vino blanco, sal marina, pimienta, perejil.

Se echan en una sartén zumo de tomate, Redunat Fibra, sal, pimienta y vino blanco. Se tiene la mezcla un rato en el fuego, para que se forme una salsa. Aparte, se limpian los mejillones y se ponen en una sartén al fuego, sin más, para que se abran. Se separan las valvas y se deja la carne en una de ellas. Se echa por encima la salsa preparada, se añade un poco de líquido de los mejillones, si hace falta, y se deja cocer 15 minutos. Se sirven calientes o fríos.

CÓCTEL DE GAMBAS

400 g de rape, 400 g de gambas, 1 cucharada de cebolla deshidratada, 1 rama de apio, 1 hoja de laurel, 1 zanahoria, 1 limón, ajo, perejil, 1 lechuga, 1/2 copa de coñac, salsa mahonesa, salsa de tomate, sal marina, 1 cucharada de aceite de oliva.

Se prepara un caldo muy corto con la cebolla, el apio, la zanahoria y la hoja de laurel. Se hierve el rape durante 7 minutos. Se enfría y corta a dados. Se lavan las gambas y se rocían con el zumo de limón. Se asan en una sartén previamente rociada con aceite de oliva, se sazona y, cuando estén cocidas, se flambean con coñac. Se reservan 4 cabezas de gambas para adornar. Se pelan las gambas, se trocean y se unen al rape. Se machacan los caparazones en un poco de agua y se separa ésta para preparar la mahonesa.

Se corta la lechuga en juliana y se coloca como fondo en cada una de las 4 copas. Se dispone encima de cada una la mezcla de pescado y se cubren con una ligera capa de mahonesa mezclada con un par de cucharadas de salsa de tomate. Se adorna cada copa con una cabeza de gamba y una rodaja de limón colocada en el borde de la copa. Si se utilizan copas de doble fondo se pondrá hielo picado en la parte inferior.

PESCADO AL HORNO

4 pescadillas, 4 tomates rojos y fuertes, 4 lonchas de queso de 20 g, 2 limones, sal marina, caldo vegetal, pimienta.

En una fuente para horno se coloca el tomate pelado y cortado a rodajas finas. Encima se pone el pescado abierto. Se sazona con sal, pimienta y caldo vegetal, se rocía con el zumo de limón y se cuece a horno fuerte durante 15 minutos. Pasado este tiempo se coloca la loncha de queso encima de las pescadillas, se prende el grill y se cuece 5 minutos para que se derrita el queso. Se adorna con el limón restante.

! TEN EN CUENTA

Si el pescado es para la cena, se cambiarán las rodajas de tomate por rodajas de naranja o de limón. Este plato no lleva ni gota de aceite, ya que el queso contiene suficiente grasa.

CHIPIRONES A LA VASCA

1 kg de chipirones, 2 cucharadas de cebolla deshidratada, 1 cabeza de ajos, 2 pimientos verdes, 2 cucharadas de coñac, 2 cucharadas de aceite de oliva, sal marina, caldo vegetal, 1/4 l de zumo de tomate natural sin azúcar 100 %.

En una cazuela con aceite se rehogan los chipirones, previamente lavados, la cebolla, los ajos y los pimientos. Una vez cocidos, se retiran. Se añade a la salsa resultante el coñac y parte de la tinta de los chipirones. Se cuece durante unos minutos. Se pasa la salsa por el pasapurés y se incorpora a los chipirones. Se sirve caliente.

CALAMARES RELLENOS

4 calamares de 250 g, 200 g de salmón fresco o congelado, o rape o merluza, 100 g de gambas, 1 pimiento morrón, 2 huevos enteros, 2 ajos, 1/4 l de zumo de tomate natural sin azúcar 100 %, 1 vaso de vino blanco, sal marina, caldo vegetal, pimienta, 1 hoja de laurel, ajo y perejil, 1 cucharada de aceite de oliva.

Se limpian los calamares, se les sacan las aletas y las patas y se da la vuelta a la bolsa con el fin de limpiarlos bien. Se pasan por la picadora el pescado, las gambas, las patas y aletas del calamar. Se pone un bol y se une con los huevos, los ajos troceados y el pimiento morrón cortado a trocitos. Se salpimentan. Se llenan las bolsas (todo en crudo) y se cierran con un palillo. Se ponen los calamares en una cazuela con el zumo de tomate, el vino, una picada de ajo y perejil, la cucharada de aceite y la hoja de laurel. De vez en cuando se pinchan los calamares con un palillo, cuando ya no salga jugo de dentro es señal de que ya están cocidos. Cuando estén fríos se cortan a rodajas y se acompañan con la salsa caliente. Se puede calentar al horno.

TEN EN CUENTA

En lugar de rellenarlos con pescado se puede hacer igualmente con 200 g de ternera picada.

CONCHAS DE MARISCO

1/2 kg de mejillones, 1 calabacín, 1/2 kg de chirlas, 1 cucharada de cebolla deshidratada, 250 g de gambas, 40 g de queso descremado rallado, salsa bechamel, 1 cucharadita de margarina, sal marina, caldo vegetal, pimienta.

Se abren los mejillones y las chirlas al vapor, se separan las valvas y se reserva el jugo de la cocción. Se asan las gambas y se cortan a trocitos. Se hierven el calabacín y la cebolla durante 20 minutos, se escurren y trituran para formar un puré espeso. Se mezclan las gambas, los mejillones y las chirlas troceadas con el puré. Se rellenan las conchas y se cubren con un poco de salsa bechamel. Se espolvorean con queso y se gratinan.

TEN EN CUENTA

Se pesan las gambas, mejillones y chirlas después de troceadas.

CALAMARES A RODAJAS

1 kg de calamares, 4 dientes de ajo, 4 cucharadas de cebolla deshidratada, 2 cucharadas de aceite de oliva, 1 vasito de vino blanco, 1/2 l de zumo de tomate natural sin azúcar 100 %, perejil, pimienta, sal marina, caldo vegetal.

TEN EN CUENTA

Es obligado pesar los calamares una vez cocinados para poder calcular el alimento rico en proteínas, según se consuma en el almuerzo o en la cena.

En una cazuela, con el aceite y un poco de agua, se sofríe ligeramente la cebolla. Se añade el tomate y se reduce un poco. Se agregan los calamares, limpios ya y cortados a rodajas. Se sazona con sal y pimienta, y se agrega el vino. Se cuecen a fuego lento hasta que estén tiernos. Al final de la cocción se añade una picada de ajo y perejil y se rocía con caldo vegetal.

ESTOFADO DE SEPIA

1 kg de sepias, 2 cucharadas de cebolla deshidratada, 3 ó 4 dientes de ajo, perejil, 250 cc de zumo de tomate natural sin azúcar 100 %, 240 g de guisantes, 240 g de zanahorias, 1 cucharada de tamari, 1 cucharada de aceite de oliva, sal marina, pimienta, caldo vegetal.

Se pasa la cebolla en seco por la picadora. Se pone en una cazuela de barro y se cuece con un poco de agua. Cuando esté blanda se ponen el aceite y las sepias a trozos, con sal y pimienta. Se doran ligeramente. A continuación el tomate, el tamari, la picada de ajo y perejil, los guisantes y las zanahorias troceadas. Se remueve de vez en cuando y se cuece a fuego lento 20 minutos. Se sirve en la misma cazuela.

LENGUADO A LA NARANJA

4 lenguados de 1/4 kg cada uno, 1/4 l de zumo de naranja natural sin azúcar 100 %, 1 naranja a rodajas, 1 copa de coñac, 1 cucharada de margarina, sal marina, caldo vegetal, pimienta, 4 cucharaditas de miel natural.

Se hacen 4 filetes de cada lenguado. Se prepara un fumé corto con las espinadas. En una fuente para horno, previamente untada con margarina, se disponen los filetes de lenguado y se rocían con el zumo de naranja, el fumé corto y el coñac. Se sazonan con caldo vegetal. Se cuece en el horno, ya caliente, durante 20 minutos. Antes de servirlos se rodea la fuente con rodajas de naranja con miel, que previamente se habrán asado un poco.

SEPIA CON CARACOLES

1 kg de sepias, 1 kg de caracoles, 1 manojo de ajos tiernos, 1 cucharada de cebolla deshidratada, 1/2 vaso de vino blanco, 1/4 l de zumo de tomate natural sin azúcar 100 %, sal marina, pimienta, caldo vegetal, 1 trocito de guindilla, 1 cucharada de aceite de oliva, tomillo, laurel, hinojo.

Se lavan los caracoles repetidamente con agua, se comprueba que todos estén vivos y se hierven en agua. Cuando rompa el hervor se añade un ramito de laurel, tomillo e hinojo. Se sazonan y cuecen durante 90 minutos. Se lavan bien las sepias y se trocean. Con la cucharada de aceite y un poco de agua se sofríen los ajos y, cuando estén blandos, se añaden las sepias y el vino. Se tapa la cazuela hasta que estén tiernas. Se pica la cebolla en seco. Se rocía una sartén con aceite de oliva, se añade un poco de agua, se añade la cebolla y se cuecen durante unos minutos la cebolla, el tomate y la guindilla. Se deja reducir. Se agregan los caracoles muy escurridos y se cuecen durante unos minutos con la salsa. Se mezclan la sepia con los caracoles y la salsa en una cazuela. Se cuece todo durante unos minutos sacudiendo la cazuela por las asas. Se sirve muy caliente en la misma cazuela.

FILETES DE LENGUADO A LA CREMA

4 lenguados de 1/4 kg cada uno, 1 cebolla pequeña, 200 g de champiñones, 2 tomates medianos, 2 yemas de huevo, 100 cc de vino blanco, 50 cc de agua con 2 cucharadas soperas de leche desnatada en polvo, perejil, sal marina, caldo vegetal, 1 cucharada de margarina.

En una cazuela untada con margarina se colocan los champiñones, previamente lavados y cortados a láminas, y el tomate troceado a cuadraditos y sin piel. A continuación se disponen los filetes de lenguado sazonados con sal y pimienta, y el vino blanco. Se cubre con papel de aluminio y se tapa la cazuela. Se cuece a fuego lento durante 10 minutos hasta que el pescado quede blanco. (El pescado no ha de hervir.) Se colocan los filetes en una fuente de servir. En un cazo, se mezclan las yemas de huevo y la crema de leche y se añade un poco de salsa de la cocción del pescado. Se cuece unos 2 minutos, se retira del fuego y se vierte esta salsa sobre los filetes de lenguado. Se espolvorea con perejil y, un momento antes de servirlos, se introduce la fuente en el horno sólo para calentarlos.

MERLUZA RELLENA

1 merluza de 1 kg, 200 g de calamares, 100 g de gambas, 120 g de cebolla, 1 pimiento, ajo y perejil, sal marina, caldo vegetal, pimienta, limón, aceite de oliva, espárragos, bramante para coser.

Se abre la merluza de arriba abajo por el vientre y se extrae la espina. Se rocía el pescado con zumo de limón. Se hierven los calamares troceados en agua con caldo vegetal, durante 20 minutos. Se agregan las gambas y se mantiene la cocción 5 minutos más. Se reserva el caldo y se pican los calamares y las gambas. Se rellena la merluza con el picadillo anterior, un poco de ajo, perejil y el pimiento troceado. Se salpimenta y cose la merluza. Se rocía una fuente para horno con aceite de oliva, se coloca la merluza, se añaden unos trozos de limón y de cebolla y se agrega el caldo reservado. Se cuece al horno 20-25 minutos (es aconsejable recubrir el pescado con papel de aluminio o estraza para evitar que se reseque). Se adorna con espárragos u otra verdura. Se sirve caliente.

MERLUZA A LA VASCA

1 merluza de 1 kg, 1 cebolla grande, 4 huevos, 1/4 kg de guisantes, 1 lata de espárragos, 1 cucharada sopera de aceite de oliva, sal marina, laurel, tomillo, caldo vegetal, 1 limón.
Para la salsa: 4 dientes de ajo, 4 pepinillos en vinagre, 1 huevo duro, 1 vasito de vino blanco, 1/2 vasito del jugo de los espárragos, perejil.

Se limpia el pescado, se corta a rodajas y se sazona. Se hace un fumé corto, con la cabeza de la merluza, media cebolla, perejil, sal, una hoja de laurel y un poco de tomillo. Se trincha la otra media cebolla y se sofríe en una cazuela con el aceite muy caliente. Para hacer la salsa se trituran los ajos, los pepinillos, la yema del huevo duro, el fumé y el perejil. Se echa la salsa junto con los guisantes en la cazuela, se colocan las rodajas de merluza espolvoreadas con caldo vegetal y abundantemente rociadas con zumo de limón, vino y un poco del jugo de los espárragos. Se cuece 10 minutos. Se adorna con los espárragos y con las rodajas de huevo duro y perejil picado. Se cuece un par de minutos todo junto.

MERLUZA AL VAPOR CON SALSA ROSA

4 rodajas de merluza, 2 limones, 1 hoja de laurel, sal marina, pimienta.
Para la salsa: 1 vasito de agua, 1 cucharadita de agar-agar, 1 huevo duro, 1 vasito de zumo de tomate natural sin azúcar 100 %, 2 cucharadas de aceite de oliva, 1 ajo, pimienta, caldo vegetal.

Se pelan los limones, se cortan a rodajas y se disponen como base en la cazuela. Encima de las rodajas de limón se coloca la merluza ligeramente sazonada. Se salpica el pescado con unas gotas de agua y se añade la hoja de laurel. Se tapa y cuece a fuego lento durante 3 minutos.

! **TEN EN CUENTA**

Una cuarta parte de esta salsa equivale a media cucharada de aceite.

Para preparar la salsa: se hierve el vaso de agua con el agar-agar. Seguidamente se baten con la batidora el huevo entero, el zumo de tomate, el aceite, el ajo, la pimienta y una cucharadita de caldo vegetal. Se agrega el agar-agar hervido y se tritura. Se deja enfriar y se tritura de nuevo hasta obtener una salsa homogénea fina.

ZARZUELA

4 gambas, 4 langostinos, 4 cigalas, 4 rodajas de rape, 4 rodajas de merluza, 2 calamares, 1/2 kg de mejillones, 1/4 kg de almejas, 480 g de tomates rojos y duros, ajo, perejil, 1 biscote integral, 1/2 tacita de vino blanco, sal marina, caldo vegetal, unas hojas de laurel, 1 cucharada de aceite de oliva.

Se asan los tomates al horno, se trocean, trituran y pasan por un colador. Se coloca la salsa en una cazuela y se le incorpora una picada preparada con ajo, perejil y el biscote, y se le agregan el aceite, la sal, la pimienta, el vino y una hoja de laurel. Primero se cuecen los calamares cortados a rodajas, durante 20 minutos y con la cazuela tapada. Seguidamente se incorporan las gambas, los langostinos y las cigalas, y encima, las rodajas de rape y las de merluza previamente rociadas con limón y rociadas con caldo vegetal. Por último, se colocan los mejillones y las almejas, ya abiertos al vapor y sin valvas. Se tapa la cazuela y se deja cocer todo durante 10 minutos.

! **TEN EN CUENTA**

Esta zarzuela se puede preparar igualmente con otros tipos de pescado.

MERLUZA A LA MANZANILLA

1 cabeza de merluza, 4 rodajas de merluza de 250 g cada una, 8 dientes de ajo, 1 ñora, 1/4 l de agua, 1 cebolla gorda, 1 tomate maduro, 2 hojas de laurel, 8 granos de pimienta, sal, caldo vegetal, 50 g de crema de leche (2 cucharadas soperas de leche desnatada en polvo, con 50 cc de agua), 1 copa de manzanilla, 1 manojito de perejil, 2 cucharadas soperas de aceite de oliva.

Se prepara 1/2 l de fumé de pescado. En un cazo al fuego se ponen 1/2 cebolla fileteada, 4 dientes de ajo, 1 cucharada de aceite; cuando la cebolla se empieza a dorar se agrega la ñora, que se habrá remojado con 1/4 l de agua durante 2 horas. Se le da unas vueltas y se incorporan el tomate, laurel y perejil y 5 minutos después se agregan la cabeza de merluza, pimienta, sal y caldo vegetal, se rehoga dándole vueltas 10 minutos y se cubre con el agua de la ñora. Se deja cocer 20 minutos. Se tritura y se cuela. En una cazuela de barro se ponen el resto del aceite, la cebolla y los ajos a fuego lento; cuando la cebolla empieza a reblandecerse se agrega la merluza con un poco de caldo vegetal y sin dejar de mover la cazuela se deja cocer por un lado 10 minutos, se le da la vuelta y se va agregando gota a gota la manzanilla, se continúa incorporando a chorro muy fino el fumé y seguidamente la crema de leche, sin dejar de mover la cazuela; se cuece sólo 2 ó 3 minutos.

MERLUZA EN SALSA VERDE

1 kg de merluza a rodajas, 1 cucharada de cebolla deshidratada, 4 dientes de ajo, perejil, 2 hojas de lechuga, 1 cucharada de aceite de oliva, sal marina, caldo vegetal, 1/4 l de agua, 1 cucharada de vinagre de sidra.

Se disponen las rodajas de merluza en una fuente y se sazonan con caldo vegetal. Se vierten el agua, la cebolla, el perejil, las hojas de lechuga, el aceite, el vinagre y la sal en el vaso de la batidora. Se tritura esta mezcla hasta formar una salsa homogénea y se rocía con ella la merluza. Se cuece al horno durante 25 minutos.

MERLUZA AL TAMARI

1 merluza de 1 kg, 1 huevo duro, 2 dientes de ajo, 2 biscotes integrales, 1 cucharadita de pimentón, 1 tacita de vino blanco, 1 hoja de laurel, perejil, sal marina, pimienta, 1 limón tamari, 1 tacita de caldo vegetal, 1 cucharada de aceite de oliva.

Se limpia la merluza, se saca la espina central y se hacen dos partes de cada mitad, o sea, cuatro raciones. Se coloca la merluza en una fuente para horno y se espolvorea con caldo vegetal. En un mortero se pican los ajos, la yema de huevo duro, el pimentón y los biscotes. Seguidamente, se vierten la tacita de caldo, el tamari, el aceite y el vino, y se añade la hoja de laurel. Se salpimenta y liga bien la salsa. Se vierte sobre la merluza. Se cuece al horno durante 20 minutos. Para servirla, se espolvorean los filetes de merluza con la clara del huevo duro y el perejil picados.

TEN EN CUENTA

Se pesa la merluza después de cocinada para poder calcular la cantidad de alimento rico en proteínas y, si fuera necesario, completarla.

BESUGO AL HORNO

1 besugo, 4 dientes de ajo, 1 limón y medio, 120 g de tomates, 120 g de cebollas, 1 cucharada de aceite de oliva, 1 vasito de vino blanco, sal marina, caldo vegetal, perejil, pimienta.

Se vacía y limpia el besugo. Se sañalan las porciones con cortes dados en el dorso y se introducen en cada uno de ellos rodajitas de limón y de ajo. Se dispone en una fuente para horno, se rocía con el aceite, el zumo de medio limón, el vaso de vino y se rodea con el tomate y la cebolla cortados a rodajas. Se cuece al horno durante 25 minutos. Se rocía con su propio jugo de vez en cuando. Finalizada la cocción se le añade una picada de ajo y perejil.

DORADA A LA SAL

1 dorada de 1 kg, 2 kg de sal marina, 2 limones.

Se pone una base de sal en una fuente resistente al horno, la dorada encima y se recubre con abundante sal, y se presiona con las manos. El horno ya debe estar caliente cuando se introduzca el pescado en él y se debe mantener fuerte. Se calculan 45 minutos de cocción por 1 kg de pescado y se aumenta la mitad de tiempo más por cada kilo de más. O sea, que una dorada de 2 kilos deberá permanecer en el horno 45 + 22 minutos. Cuando el pescado esté cocido, la sal habrá formado una costra compacta y dura que al romperla se desprenderá por completo del pescado. Si se rompiera la sal antes de formar la costra, el pescado quedaría salado. Se recomienda que se pruebe la dorada sin ningún acompañante, pues con este procedimiento de cocción se logra que el pescado conserve su delicioso sabor al máximo. Puede acompañarse con rodajas de limón.

RAPE A LA MARINERA

1 kg de rape en rodajas, 1/2 kg de mejillones, 1 cebolla, 4 tomates pelados o 1/4 l de zumo de tomate natural sin azúcar 100 %, 1 cucharada de salvado de trigo Redunat Fibra, 1 cucharadita de pimentón, 5 dientes de ajo, perejil, 2 hojas de laurel, 1 cucharada sopera de aceite de oliva, 1 vaso de vino blanco, sal marina, pimienta y caldo vegetal.

Se abren los mejillones, se les quita una valva y se reserva el jugo (bien colado). Se pone el aceite en una cazuela y cuando esté caliente se aparta del fuego y se sofríen el ajo y el perejil picados. Se trituran los tomates, la cebolla, el pimentón y el Redunat Fibra. Se pone en la cazuela, se reduce. Se coloca el pescado previamente salado y espolvoreado con pimienta y caldo vegetal en la salsa. Se añaden los mejillones, el laurel, el vino y parte del jugo de los mejillones. Se cuece 12 minutos.

CONCHAS DE RAPE

1/2 kg de rape, 240 g de puerros, 1 coliflor pequeña (240 g), ajo y perejil, 1 vasito de vino blanco, 20 g de margarina, 20 g de harina integral, 250 cc de leche desnatada en polvo, sal marina, pimienta, caldo vegetal, aceite de oliva.

Se rocía una sartén antiadherente con aceite de oliva, y se disponen en ella los puerros troceados. Cuando hayan tomado color se añade el rape cortado a trozos salpimentado, se agrega el vasito de vino, se tapa la sartén y se cuece a fuego lento 10 minutos. Se pasa todo por la picadora sin caldo (si lo hubiera). Se pone la coliflor a hervir con agua y una pizca de caldo vegetal. Se tritura para conseguir un puré fino y espeso. Se pone la margarina a derretir en una sartén y se le agrega la harina y se cuece durante 1 minuto removiendo constantemente; a continuación se añaden el picadillo de rape y el puré de coliflor. Se agrega poco a poco la leche que admita hasta que la masa se despegue de la sartén. Se llenan las cuatro conchas y gratinan.

¡TEN EN CUENTA!

Con este plato, al llevar algo de harina, se aconseja suprimir el pan de la noche. Se ha de tener en cuenta el peso del rape para poder calcular el alimento rico en proteínas.

PASTEL DE BACALAO CON ROBELLONES

400 g de bacalao remojado, 300 g de robellones en conserva, 3 huevos, 125 g de leche en polvo desnatada, ajo, perejil, sal marina, caldo vegetal, 1 cucharadita de aceite de oliva, 1 cucharada de salvado de trigo Redunat Fibra.

PASTEL DE BACALAO CON ROBELLONES

Se desfibra el bacalao y se deja en remojo durante 12 horas. Se escurre bien presionándolo con las manos. Se dispone el bacalao en una cazuela cubierto con agua y, cuando alcance el punto de ebullición, se retira del fuego y se mantiene tapado durante 15 minutos. Se asan las setas troceadas, a fuego vivo, con el aceite. Se sazona con sal y pimienta y se les agrega una picada de ajo y perejil. Se pasan el bacalao y las setas por la picadora y se añaden las yemas de huevo, la leche hervida con el agar-agar y una pizca de caldo vegetal. Se mezcla todo, se forma una masa y se agregan las claras montadas a punto de nieve. Se reúne todo, se mezcla y se vierte en un molde de horno rectangular y alto, previamente rociado con aceite de oliva. Se espolvorea con Redunat Fibra y se cuece al baño María durante 45 minutos. Se prepara la salsa con 100 g de robellones en conserva, 1 cebolla, 125 cc de leche desnatada en polvo, 3 setas enteras para adornar, 1 cucharadita de margarina, ajo, perejil. Se ablanda la cebolla en una sartén con un poco de agua y margarina. Se añaden las setas troceadas y, cuando estén doradas, se les incorpora una picada de ajo y perejil. Se pasa todo por la picadora. Se devuelve a la sartén y se le agregan la leche y un poco de sal y pimienta. Una vez frío el pastel, se saca del molde y se cubre con la salsa caliente. Se adorna, si se desea, con setas enteras por encima.

4 truchas de 1/4 kg cada una, 1/4 kg de champiñones, 4 dientes de ajo, perejil, 2 limones, sal marina, pimienta, aceite de oliva, 1 cucharadita de margarina.

TRUCHAS AL HORNO

Se limpian las truchas y se rocían con zumo de limón. Se salpimentan. Se unta con aceite de oliva una fuente para el horno y se dispone en ella un lecho de finas rodajas de limón. Se colocan encima las truchas y se rocían con la cucharada de aceite. Se cuece al horno fuerte durante 20 minutos. Se lavan los champiñones y se cortan a láminas. Se asan en una sartén untada con aceite de oliva. Cuando hayan absorbido su propio jugo, se agregan la margarina y la picada de ajo y perejil. A los 15 minutos de cocción de las truchas, se añaden los champiñones y se cuece todo junto durante 5 minutos más. Se sirven calientes.

BACALAO DE CUARESMA

8 trozos de bacalao de 100 g cada uno, 2 huevos duros, 4 alcachofas medianas, 120 g de guisantes, 120 g de zanahorias, 2 cucharadas de cebolla deshidratada, 1/4 l de zumo de tomate natural sin azúcar 100 %, 1 cucharada de aceite de oliva, ajo, perejil, 1 taza de caldo vegetal.

Se saca la piel del bacalao y se deja en remojo, y con abundante agua, durante 4 días, en el frigorífico. Transcurrido este tiempo, se renueva el agua y se mantiene así 24 horas más. Se colocan los trozos de bacalao en una cazuela con el caldo vegetal y se lleva a ebullición. Cuando arranque el hervor, se retira del fuego y se mantiene la cazuela tapada durante 20 minutos. Se ablanda la cebolla deshidratada con un poco de agua, luego se añade el tomate y se reduce a la mitad. En este punto se incorporan los guisantes, las zanahorias troceadas y las alcachofas partidas a trozos (las alcachofas, previamente se frotarán con limón). Se cuece 15 minutos y se va añadiendo un poco del caldo sobrante de la cocción del bacalao. Se pasan los trozos de bacalao a una cazuela de barro, con los huevos duros partidos por la mitad, las verduras, una picada de ajo y perejil y la cucharada de aceite. Se introduce la cazuela en el horno ya caliente y permanece allí durante 10 minutos.

FLAN DE PESCADO

150 g de gambas, 3/4 kg de pescado blanco, 1 vaso de leche desnatada en polvo, 2 cucharaditas de agar-agar, 1 cucharada de aceite de oliva, 1 cucharada de cebolla deshidratada, 1 cucharada de jugo de tomate natural sin azúcar 100 %, sal marina, caldo vegetal, pimienta, ajo, perejil.

Con la cucharada de aceite se asan las gambas y se añade la picada de ajo y perejil. Se pelan las gambas, se pican las colas y se reservan. Se hierven las cabezas y pieles de las gambas, con un poco de agua, se machacan y cuelan. Con este caldo se hierve el pescado 10 minutos. Se desmenuzan, se juntan con las colas de las gambas y se pesan. Se hace una salsa, hirviendo el vaso de leche, un vaso del caldo de haber hervido el pescado, un sofrito hecho con la cebolla deshidratada, la cucharada de tomate y el agar-agar. Se sazona con sal, pimienta y caldo vegetal. Se pone el pescado desmenuzado dentro y se lleva a ebullición. Se distribuye en moldes según sea para la comida o la cena. Se puede acompañar con salsa mahonesa o salsa de tomate.

BACALAO CON CHANFAINA

8 trozos de bacalao, 120 g de cebolla, 120 g de berenjenas, 240 g de tomates maduros y fuertes, 1 pimiento verde, 1 pimiento rojo, 1 calabacín, 2 dientes de ajo y perejil, 1 hoja de laurel, caldo vegetal, pimienta, 2 cucharadas de aceite de oliva.

Se pone el bacalao en una cazuela, previamente remojado sin piel, con agua fría que lo cubra. Cuando arranque el hervor, se retira y deja tapado 20 minutos. Se colocan los trozos de bacalao en una cazuela de barro y se rocían con caldo vegetal.
Preparamos la chanfaina: la cebolla cortada gruesa se rehoga con agua y aceite. Antes de que se dore se añaden los pimientos a cuadros. Unos minutos después se ponen el calabacín y las berenjenas, también a cuadros (previamente se habrá dejado la berenjena 1 hora espolvoreada con sal para que suelte el jugo). Se cuece unos minutos. A continuación, se agregan el ajo y perejil picados y después los tomates rallados y la hoja de laurel. Se sazonan con sal y pimienta. Se tapa y se cuece lentamente 10 minutos. Se vierte la chanfaina encima de los trozos de bacalao y se cuece al horno durante 20 minutos. Si fuera necesario, se añade alguna cucharadita del agua con que se ha escaldado el bacalao.

TEN EN CUENTA

Se pesa el bacalao una vez escaldado para poder calcular el peso de alimento rico en proteínas. Este plato contiene 120 g de verdura controlada por persona.

BACALAO AJOARRIERO

8 trozos de bacalao seco, 1 cabeza de ajos, 2 cucharadas de aceite de oliva, 2 cucharadas de vinagre de sidra.

Se pone el bacalao, sin piel, en remojo durante 4 días, en la parte inferior de la nevera, sin cambiar el agua. No se tocará para no romper la tenue capa que se formará en la superficie. Se cambiará el agua el día antes de prepararlo. El día de la cocción se lava y se coloca cubierto con agua en una cazuela. En la cocción, cuando arranque el hervor, se apaga el fuego y se deja unos 20 minutos. Aparte, en una cazuela de barro, se sofríen los ajos con el aceite. Se añade el vinagre y se tapa inmediatamente la cazuela ya que el vinagre podría salpicar. Se colocan los trozos de bacalao y se remueve la cazuela por las asas para evitar que se pegue.

TEN EN CUENTA

Este plato se puede tomar una vez por semana.

BACALAO AL PIL-PIL

Bacalao salado seco, 1 cabeza de ajos, unos trocitos de guindilla, perejil, 2 cucharadas de aceite de oliva, 2 cucharadas de agua con caldo vegetal.

En una cazuela de barro se fríen, a fuego lento, la guindilla y los ajos con el aceite. Cuando estén dorados se retira la cazuela del fuego y se deja enfriar. Se devuelve la cazuela a fuego moderado con el bacalao desalado y sin piel. El quid de esta receta consiste en ir revolviendo el bacalao en sentido giratorio hasta que se forme una salsa blanca y consistente en el fondo de la cazuela. El tiempo de cocción oscila entre 6 y 8 minutos. El bacalao se debe cocer muy lentamente sin dejarlo hervir, con el fin de que no se corte la salsa. Si fuera necesario, se retirará la cazuela del fuego de vez en cuando para vigilar la cocción, pero sin dejar de remover. Se sirve en la misma cazuela espolvoreado con perejil picado finamente.

TEN EN CUENTA

Este plato de bacalao puede consumirse una vez por semana.

SUQUET D'ESCÓRPORA

1 escórpora (escorpina) de 1 kg, el hígado de la escórpora, 1 cabeza de ajos, 1 cebolla pequeña, perejil, 1 biscote integral, 300 g de patatas, 1 tomate mediano maduro, 1 cucharada de aceite de oliva, 1/2 copa de vino blanco, sal marina, pimienta.

Se limpia la escórpora, se reserva el hígado y se corta en 4 rodajas. Se cortan los ajos a rodajas finas y se sofríen con la cucharada de aceite. Se retiran los ajos del fuego cuando empiecen a tomar color y en su aceite se añade el tomate rallado y nuevamente los ajos. Se incorporan al sofrito las rodajas de pescado y se deja que se cuezan un poco. Se retiran del fuego. Al mismo sofrito se añaden las patatas cortadas a rodajas y un fumé de pescado, que se habrá preparado con la cabeza de la escórpora. Se deja cocer a fuego lento. A media cocción se agrega una picada hecha con el hígado del pescado bien asado, el biscote, el ajo, el perejil y el vino. Cuando falten 5 minutos para finalizar la cocción, se añade el pescado medio cocido. Se sirve en la misma cazuela muy caliente.

TEN EN CUENTA

Las patatas son opcionales. Si se utilizan en este plato, se suprimirá la verdura controlada correspondiente al día y el pan de la cena. Este pescado puede acompañarse con alioli.

SUQUET D'ESCÓRPORA

CARNE

CARNES

ALIMENTO BÁSICO DE LA DIETA HUMANA

CASI DESDE LOS PRINCIPIOS, LAS CARNES ESTÁN PRESENTES, CON SU PECULIAR SUCULENCIA Y SUS VIRTUDES NUTRICIAS, EN NUESTRAS COSTUMBRES DE MESA.

TOURNEDÓS CON MANZANAS

8 tournedós, 4 manzanas, 4 pepinillos, 4 cucharaditas de mostaza, 4 cucharadas soperas colmadas de leche desnatada en polvo, 200 cc de agua, 1 cucharada sopera de margarina vegetal.

Se asan las manzanas al horno. Se pelan y parten por la mitad, con lo cual se obtienen 8 trozos, que se colocarán en una fuente. Se hacen los tournedós (solomillos) a la plancha y se colocan encima de las manzanas. Con la margarina se sofríen los pepinillos cortados a cuadraditos. Se añade la mostaza y seguidamente se prepara una crema con la leche y el agua, que se añade a la salsa que se está preparando. Se remueve para unificarla sin que llegue a hervir. Se echa la salsa por encima de la carne. Se calienta al horno antes de servirla. Si se hace con la carne menos tierna, después de pasarla por la plancha y antes de ponerla encima de las manzanas, se cocerá con un vaso de leche en una cazuela tapada a fuego lento durante 1/2 hora.

TEN EN CUENTA

Este día se tomará de postre yogur o flan.

ASADO DE TERNERA

1 trozo de carne para asar de 1 kg, 1 cebolla, 1 zanahoria, 1 cabeza de ajos, 1 tomate maduro pequeño, 1/2 copa de jerez seco (opcional), 1 vaso de caldo vegetal, 1 ramita de tomillo, 1 hoja de laurel, sal marina, pimienta, 1 cucharada de aceite de oliva.

En una cazuela con el aceite se dora ligeramente la carne a fuego vivo, se salpimenta. Se colocan, alrededor de la carne, la cebolla y la zanahoria troceadas, los ajos, el tomate, el tomillo y la hoja de laurel. Se sigue asando y, cuando la cebolla empiece a dorarse, se agregan el jerez y el caldo. Se tapa la cazuela y se deja cocer hasta que la carne esté tierna (el punto de cocción de la carne depende de lo tierno que sea el trozo elegido). Se deja enfriar la carne en la cazuela de modo que el jugo de aquélla se una a la salsa. Se corta la carne cuando esté fría. Se tritura la salsa y se pasa por el colador. Para servirla, se vierte un poco de salsa en una fuente, la carne cortada, un poco más de salsa y se introduce en el horno. Aparte y en una salsera se sirve el resto de la salsa.

PASTEL DE CARNE

3/4 de carne picada de ternera o buey, 2 huevos enteros, 1 huevo para la tortilla, 1 pimiento rojo asado, 80 g de queso en barra descremado, sal marina, caldo vegetal, 1 cucharada de salvado de trigo Redunat Fibra, papel de aluminio.

Se ponen en un plato la carne, los huevos (crudos), la sal, el caldo vegetal y el Redunat Fibra. Se mezcla todo con un tenedor. Se hacen tres partes de la carne. Se coge un trozo grande de papel de aluminio y se pone encima una parte de la carne en forma de rectángulo, se colocan encima tiritas de una tortilla a la francesa, que se habrá preparado con antelación, y la mitad del queso. Se añade otra capa de carne y encima trocitos de pimiento con el resto del queso. Se termina con la última capa de carne. Se efectúa un paquete hecho en forma de brazo, procurando que quede bien cerrado por los lados. Se asa 45 minutos al horno encima de una bandeja, por si despidiera algo de vapor. Si se desea que su aspecto sea dorado, se pone el fiambre al grill destapado, 5 minutos. Este plato se puede comer frío o caliente, acompañado con champiñones o lechuga y salsa de tomate o mahonesa.

! TEN EN CUENTA

Teniendo en cuenta que la carne, los huevos y el queso son alimentos ricos en proteínas, se pesan unos gramos de más por el pimiento y el Redunat Fibra.

ENTRECOT A LA PIMIENTA VERDE

4 bistés gruesos de buey, pimienta en grano, 1 cucharada de coñac, 2 dl de agua, 4 cucharadas de leche desnatada en polvo, sal marina, caldo vegetal, 1 cucharada de aceite de oliva, 1 cucharadita de margarina.

Se cubren los bistés con pimienta en grano previamente machacada con un rodillo, con el cual se aplastará encima la carne. Se calienta una cazuela o sartén antiadherente, se asa la carne con el aceite y la margarina, al darle la vuelta se sazona con sal y se termina la cocción a fuego vivo. Se rocía la carne con el coñac, se le prende fuego y una vez apagado se colocan los bistés en una fuente de servir. En la misma cazuela, y aprovechando el resto de cocción, se añade la leche, se hace hervir durante unos minutos y se vierte la salsa por encima. Se puede acompañar con arroz o lechuga.

! TEN EN CUENTA

Si esta carne se acompaña con arroz, 50 g en crudo por persona, se tiene que suprimir la verdura controlada y el pan de la cena.

STEACK TÁRTARO

600 g de carne de ternera (muy fina y pulida), 4 yemas de huevo, 4 cucharaditas de alcaparras, 4 cucharaditas de cebolla picada finamente, 4 pepinillos en vinagre, sal marina, pimienta, caldo vegetal, mostaza, salsa tártara, ajo, perejil.

En los restaurantes suelen presentar este plato ya preparado. Es costumbre preguntar al comensal si le gusta muy fuerte o más bien suave; por lo general lo dan a probar antes de servirlo. Aquí, lo más indicado es que cada persona se aderece su propio plato. Se pone en un plato la carne bien picada, cruda, en forma de círculo, se hace un hueco, se coloca en el centro una yema de huevo. En un entremesero se sirve por separado la cebolla, las alcaparras y los pepinillos, todo picado finamente (menos las alcaparras, que serán enteras). Aparte se sirven la mostaza, la salsa tártara y también ajo y perejil picados. Cada persona se hará la mezcla con los ingredientes indicados. Se procura que la mezcla quede muy unida. Se puede acompañar con ensalada.

FIAMBRE DE TERNERA

750 g de carne de ternera (sin grasa), 3 huevos, 1/2 copa de jerez seco, sal marina, salvado de trigo Redunat Fibra, 1 cucharadita de margarina vegetal.

Queda mejor hecho por la víspera. Y una vez preparado se puede utilizar en varias raciones, como complemento de otras comidas o entrante. Entonces hay que contar la cantidad pesada que se use. Se pica finamente la carne (mejor a máquina). Se baten los huevos y se añaden al picado, con la sal y el jerez. Se hace una bola y se pasa por el salvado. Se mete en el molde y se asa al horno, o al grill. Estará hecho cuando se desprenda de los costados del molde, o si al meter una aguja, ésta sale limpia. Se sirve acompañado de lechuga.

ESTOFADO DE TERNERA O BUEY

400 g de carne, 120 g de guisantes y zanahorias, ajos, laurel, caldo vegetal, cebolla deshidratada, zumo de tomate, 1/2 vaso de vino blanco, sal marina y pimienta.

En una cazuela rociada con aceite de oliva, se coloca la carne sazonada con sal y pimienta, y se añaden la cebolla, el tomate, el ajo, el laurel, el vino blanco y el caldo vegetal. Se deja cocer a fuego lento. Cuando la carne esté cocida se añaden los guisantes y las zanahorias, dejándolo a fuego lento 10 minutos más.

SOLOMILLO A LA SAL

Solomillo, sal marina.

En el fondo de una bandeja para horno se coloca mucha sal marina. Se pone el solomillo encima y se cubre asimismo con abundante sal marina. Se mete a horno fuerte. A las 2 horas, según el peso del solomillo, se saca y quita la sal, se corta en lonchas y se sirve en su propio jugo.

ALBÓNDIGAS A LA JARDINERA

3/4 kg de carne picada, 2 huevos, ajo, perejil, sal marina, pimienta, 4 cucharadas de salvado de trigo Redunat Fibra, 240 g de guisantes, 180 g de zanahorias, 250 g de champiñones. Para la salsa: 1/2 calabacín, 1 cucharada de cebolla deshidratada, 1 pimiento verde, 2 ajos, 60 g de zanahoria, 1/4 l de zumo de tomate natural sin azúcar 100 %, 1 cucharada de aceite de oliva, 1 taza de caldo vegetal, 1 hoja de laurel.

Para hacer la salsa se pone el aceite y un poco de agua en una cazuela y se sofríen la cebolla, el calabacín, el pimiento, los ajos y la zanahoria, cortado todo a cuadritos. Cuando esté blando se pone el tomate y se reduce a la mitad. Se tritura, cuela y coloca de nuevo la salsa en la cazuela con la taza de caldo y la hoja de laurel. Cuando empiece a hervir se echa la zanahoria troceada, se tapa la cazuela y se cuece durante 10 minutos. Después se añaden las albóndigas en crudo junto con los guisantes y se cuece todo junto 20 ó 25 minutos más.

Para preparar las albóndigas, se pone la carne, que puede ser de buey o de ternera muy magra y picada, en un bol con los huevos enteros, la sal, una picada de ajo y perejil y 2 ó 3 cucharadas de Redunat Fibra. Se forman las albóndigas, se rebozan con el Redunat Fibra y se colocan en la cazuela sin amontonar. Se remueve por las asas para evitar que se peguen. Se hacen los champiñones a la plancha y se echan por encima.

TEN EN CUENTA

Este plato contiene la verdura controlada correspondiente al día y es necesario pesar las albóndigas antes de comerlas.

ROSBIF CON CHAMPIÑONES

1,5 kg de carne melosa en un trozo, 2 cebollas grandes, 1 taza de caldo vegetal, 2 cucharadas de jerez seco, aceite de oliva, sal marina, pimienta, zumo de limón, 1/2 kg de champiñones, ajo, perejil.

Se calienta el horno al máximo. Se ata la carne, y se salpimenta, se pone en una fuente resistente al horno, con el aceite. Cuando empiece a dorarse se añade la cebolla troceada, cuando esté blanda, se vierte el caldo por encima y se cuece durante 45 minutos. Se deja enfriar, se desata y se corta a rodajas. Se coloca la carne en la fuente, se tritura y se cuela la salsa, se añade el jerez y se pone encima de la carne. Se lavan y cortan los champiñones. Se hacen a la plancha, previamente engrasada con aceite de oliva, se sazonan y rocían con zumo de limón. Se añade el ajo y el perejil picados y se sirven como guarnición de la carne. Se mantiene la fuente al horno 20 minutos antes de servir, para que la carne coja el sabor de la salsa.

HAMBURGUESAS SILVESTRES

600 g de carne picada, 250 g de espinacas, 2 huevos enteros, 2 cucharadas de salvado de trigo Redunat Fibra, 1/4 kg de champiñones, ajo, perejil, pimienta, sal marina, caldo vegetal.

Se cuecen las espinacas al vapor. Se enfrían y escurren con las manos a fin de que suelten toda el agua. Se pican finamente y se mezclan con la carne. Se añaden también a la mezcla los huevos, el Redunat Fibra, la picada de ajo y perejil, y se sazona todo con sal, caldo vegetal y pimienta. Se amasa bien hasta conseguir una pasta uniforme. Se forman 4 hamburguesas. Se rebozan con Redunat Fibra y se pasan por la plancha. En la misma plancha se asan los champiñones enteros, que servirán de guarnición.

TEN EN CUENTA

Se deben pesar las espinacas tras haberlas escurrido para poder calcular el peso de alimento rico en proteínas que corresponde a cada hamburguesa después de cocinada.

FRICANDÓ

1 kg de filetes de ternera, 240 g de tomates rojos y fuertes, 120 g de cebollas, 120 g de zanahorias, 20 g de mojardones (setas secas), 1/4 l de caldo vegetal, 1 cucharada de aceite de oliva, sal marina, 1 hoja de laurel, ajo y perejil.

Se ponen las setas en remojo con agua fría durante 2 ó 3 horas. Se calienta una plancha de asar carne y se pasan ligeramente los filetes. En una cazuela se sofríe la cebolla con la cucharada de aceite y un poco de agua. Cuando esté blanda se añaden los tomates y las zanahorias cortadas a trozos. Se dejan cocer unos minutos hasta que las zanahorias estén cocidas. Se sazonan, trituran y cuelan. Se coloca de nuevo la salsa en la cazuela, se añaden las setas, la picada de ajo y perejil, los filetes de carne, el laurel y el caldo. Se cuece a fuego lento durante 1/2 hora.

COSTILLAS DE TERNERA A LA TRUFA

4 costillas de ternera gruesa, 1 trufa, 1 cebolla, 4 pepinillos, 5 cucharadas de zumo de tomate natural sin azúcar 100 %, 1 copita de jerez, sal marina, caldo vegetal, pimienta, 1 cucharada de aceite de oliva.

En una sartén se pone el aceite y se sofríen la cebolla, la trufa y los pepinillos previamente troceados. Se añaden el jerez y el tomate. Se deja reducir, se sazona con sal marina, caldo vegetal y pimienta. Se hacen las costillas a la plancha procurando que queden doradas pero poco hechas por dentro. Se colocan en una fuente caliente. Se vierte la salsa por encima de las costillas. Se acompañan con lechuga.

CALLOS NATURHOUSE

750 g de tripa de ternera, 1/4 kg de pie de ternera, 1/4 kg de cabeza de ternera, 120 g de cebollas, 120 g de berenjenas, 1 pimiento rojo, 1 pimiento verde, 1 zanahoria pequeña, 300 cc de zumo de tomate natural sin azúcar 100 %, ajo, perejil, pimienta, 1 guindilla, sal marina, caldo vegetal, laurel, tomillo, 1 cucharada de aceite de oliva.

Se cuece la tripa juntamente con el pie y la cabeza, a trocitos, con agua, laurel y tomillo. Se cuecen lentamente hasta que estén tiernos (unas tres horas). La olla de presión acelera la cocción, aunque es más cómodo comprarlos cocidos. En una cazuela de barro se sofríen las cebollas, las berenjenas, los pimientos, las zanahorias, la guindilla con el aceite y un poco de caldo vegetal. Cuando todo está blando se echa el tomate, se salpimenta, se tritura y se cuela. Se coloca de nuevo la salsa en la cazuela, se pone un poco de pimienta y los callos escurridos. Se cuece lentamente 30 minutos. Se añade un poco de caldo si fuera preciso. Se dejan reposar antes de servirlos para que se adoben.

PIERNA DE CORDERO BRASEADA

1 pierna de cordero de 1,800 a 2 kg, 240 g de cebollas, 120 g de zanahorias, 1 cabeza de ajos, 2 hojas de laurel, 1 rama de tomillo, 1 rama de canela, 1 limón, 2 cucharaditas de salsa Perrins, 1 copa de coñac, 1/4 l de caldo vegetal, sal marina, pimienta blanca molida, 2 cucharadas de aceite de oliva, 1/2 kg de judías verdes finas (para la guarnición).

Se deja la pierna en adobo durante 24 horas de la siguiente forma: en una bandeja se coloca la pierna espolvoreada con pimienta, rociada con el zumo del limón y guarnecida con las cebollas y las zanahorias cortadas a trozos, los ajos, la salsa Perrins, las hiervas y el coñac. Se pincha de vez en cuando para que la carne absorba la sustancia de la maceración. Se introduce la pierna en el horno a temperatura fuerte sin el adobo pero sazonada con sal y el aceite correspondiente. Cuando esté ligeramente dorada, se le agregan todos los ingredientes del adobo, se continúa asándola y, cuando las verduras estén blandas, se le añade el caldo preparado con caldo vegetal y se tapa la fuente con papel de aluminio. Se mantiene a temperatura media durante 30 minutos. Transcurrido este tiempo, se retira del papel de aluminio y se enciende el grill para dorarla. Se tritura y cuela la salsa. Se hierven las judías al vapor, pero se ha de procurar que queden al dente. Se sirve la pierna entera en una fuente tras haber cortado sólo un par de trozos y rodeada con las judías. Se corta el resto de la carne mientras se sirve. Se acompaña este plato con la salsa muy caliente, servida en salsera.

CONCHAS DE POLLO

1 pollo, 1 limón, cebolla deshidratada, 1/4 de zumo de tomate natural sin azúcar 100 %, 3 ó 4 ajos, 4 cucharadas de leche desnatada en polvo, 2 vasos de agua, caldo vegetal, pimienta, 1 cucharadita de agar-agar, 40 g de queso rallado, 4 alcachofas, aceite de oliva.

Se quita la piel al pollo, se trocea y se frota con limón. Se salpimenta. Se rocía una cazuela con aceite de oliva. Se dora el pollo junto con los ajos. Se añade la cebolla remojada, se le dan unas vueltas y se agrega el tomate. Se deshuesa y pica el pollo, se pesa. Se hace una salsa bechamel con la leche, el agar-agar y una pizca de caldo vegetal, se mezcla con el resto de la salsa del rustido, triturado y colado. Se mezcla la mitad de la salsa con el pollo picado. Se rellenan conchas, se cubren con el resto de la salsa bechamel, se espolvorean con queso rallado y se gratinan al horno. Para acompañarlas se asan las alcachofas al horno.

ESPALDA DE CORDERO AL HORNO

Una espalda de cordero (1 kg), 1 cabeza y media de ajos, 20 gramos de pimienta negra, 1 vaso de vino tinto, 1/2 vaso de caldo vegetal, sal marina, pimienta, 1 cucharada de aceite de oliva.

Se quitan las pieles y toda la grasa de la espalda. Se señala para el horno y se sazona con sal y pimienta. Se pone en una fuente para horno con una cucharada de aceite. Cuando esté ligeramente dorada se añaden los ajos con piel y pimienta en grano. Cuando los ajos estén tiernos, se agregan el vino, el agua y se tapa la fuente con papel de aluminio. De vez en cuando se le da la vuelta. Se cuece a fuego medio hasta que esté tierna. Se puede acompañar con menestra: judías verdes, 120 g de guisantes, 120 g de alcachofas, 120 g de habas, 120 g de zanahorias y champiñones asados.

POLLO DE PAYÉS CON SETAS AL CAVA

1 pollo de 1,750 a 2 kg, 120 g de zanahorias, 120 g de cebollas, 300 g de setas frescas o en conserva, ajo, perejil, 1 copa de cava brut, 1 taza de caldo vegetal, 1/2 limón, 1 manojo de hierbas aromáticas, aceite de oliva, sal marina, pimienta.

Se le quita la piel y se trocea el pollo, del cual sólo se aprovechan los muslos y las pechugas. Se rocían con limón, se salpimentan ligeramente y se colocan en una cazuela con la cucharada de aceite. Se introducen en el horno y, cuando empiece a dorarse, se añaden las zanahorias y las cebollas troceadas junto con las hierbas. Cuando la cebolla esté blanda, se riega todo con el cava y se deja reducir. Se pasa la salsa por un colador y se agrega de nuevo al pollo. Se asan las setas con aceite de oliva y se les añade una picada de ajo y perejil. Se incorporan al pollo, se agrega un poco de caldo vegetal y se cuece a fuego lento durante 20 minutos.

! TEN EN CUENTA

Este plato contiene, aproximadamente, 100 g de alimento rico en proteínas por persona. Es obligatorio comprobar el peso de cada ración cocinada.

POLLO AL CHILINDRÓN

1 pollo (mediano), 1 pimiento, 1 tomate, perejil, ajo picado, 1 cucharadita de caldo vegetal, nuez moscada, pimentón, 1 cucharada de cebolla deshidratada.

Se pela el pollo. Se sazona con ajo picado, perejil y nuez moscada. Se deja reposar 15 minutos. Mientras, se pone la cucharada de cebolla deshidratada en agua caliente en un recipiente, durante 10 minutos. En una cacerola rociada previamente con aceite de oliva, se dora el pollo. Cuando esté, se añaden el pimentón, el tomate, el pimiento, la cebolla y la cucharadita de caldo vegetal. Se deja cocer durante 30 minutos a fuego moderado. Si se desea, se puede acompañar el pollo al chilindrón con una guarnición de guisantes y champiñones.

POLLO CON GAMBAS

1 pollo, 120 g de cebollas, 60 g de zanahorias, 60 g de puerros, 240 g de tomates rojos rallados, 1 limón, sal marina, tomillo, 1/2 kg de gambas, ajo, perejil, 2 biscotes, 1 copa de coñac, 1 taza de caldo vegetal, 1 cucharada de aceite de oliva, pimienta.

En una cazuela se pone el pollo cortado a octavos, limpio, sin piel y frotado con limón, con las cebollas, las zanahorias, los puerros, el tomillo y el caldo. Se sazona con sal y pimienta y se cuece a fuego lento. A media cocción se pone la mitad del tomate y se deja cocer tapado hasta que esté tierno. Con la cucharada de aceite se sofríen las gambas, se pone el coñac y se flamea. Se retiran. En la misma cazuela se pone el resto del tomate y se reduce ligeramente. Se agrega una picada hecha con ajo y perejil y 2 biscotes. Se ponen las gambas y se cuecen un par de minutos. Se mezclan el pollo con las gambas. Se unen bien moviendo la cazuela. Se cuece unos minutos y se sirve en la misma cazuela.

TEN EN CUENTA

Se pesan el pollo con las gambas para poder completar el alimento rico en proteínas en el primer plato, si fuera preciso.

CODORNICES EN ESCABECHE

8 codornices, 120 g de cebolla, 1 cabeza de ajos, 2 hojas de laurel, tomillo, orégano, 10 granos de pimienta, 2 clavos de especia, 1 vasito de vinagre, 1 vasito de agua, sal marina, caldo vegetal, 1 cucharadita de pimentón, 1 cucharada de aceite de oliva.

Se saca la piel a las codornices, se limpian y se salpimentan. Se doran en una cazuela con la cucharada de aceite. Cuando hayan adquirido color, se añade la cebolla cortada muy fina, los ajos machacados, el laurel, el tomillo y el orégano. Seguidamente se agregan el pimentón, el vinagre, el agua, los clavos y los granos de pimienta. Se mantiene en cocción hasta que las aves estén tiernas. Se sirve en la misma cazuela.

TEN EN CUENTA

Es aconsejable pesar las codornices a fin de controlar la cantidad de alimento rico en proteínas por persona.

CONEJO CON ALLIOLI NATURHOUSE

1 conejo, 1 taza de caldo vegetal, tomillo, sal marina, pimienta, 1 limón, 4 cucharadas de allioli, aceite de oliva.

Se lava y trocea el conejo, se rocía con limón y se sazona con sal y pimienta. Seguidamente se coloca en una cazuela, se cubre con el caldo vegetal, se añaden las hierbas y se tapa la cazuela. Se deja cocer a fuego lento hasta que alcance su punto.

Para preparar el allioli, se hierve un vaso de agua con una cucharadita de café de agar-agar. Se vierte la mezcla en el recipiente de la batidora y se le añade un huevo entero, media cabeza de ajos, aceite (una tercera parte del vaso que se haya utilizado para medir el agua) y un poco de sal marina. Se emplea la batidora como si se preparara una salsa mahonesa. Cuando esté fría se introduce de nuevo en la batidora para obtener una salsa espesa y fina.

En una fuente para horno se dispone una base de salsa allioli, encima de los trozos del conejo y se untan éstos con un poco más de allioli por la parte superior. Se introduce en el horno y se deja dorar al grill.

MUSLOS DE PAVA CON PERAS

4 muslos de pava, 120 g de cebollas, 120 g de zanahorias, 4 dientes de ajo, 2 cucharadas de vinagre de sidra, 1 cucharada de aceite de oliva, 1 ramita de canela, 1 l de caldo vegetal, 1 vasito de vino rancio, 4 peras, sal marina, pimienta.
Para la picada: 2 ajos, perejil, 2 biscotes.

Se quita la piel de los muslos de pava y se salpimentan. Se ponen a fuego vivo en una cazuela de barro con una cucharada de aceite. Se incorporan las cebollas y las zanahorias troceadas, y los ajos enteros. Cuando la cebolla esté dorada se agrega el vinagre y, al cabo de unos minutos, el caldo vegetal y la ramita de canela. Se tapa la cazuela y se mantiene en el horno hasta que los muslos estén casi hechos. Se tritura y cuela la salsa. Se añade la picada. A continuación se pelan las peras, se parten por la mitad, se rocían con limón y se cuecen con los muslos. Se agrega el vaso de vino rancio y se mantiene la cocción durante 20 minutos.

! TEN EN CUENTA

Si se incluye este plato en la comida o en la cena, se tomará como postre un yogur descremado o un flan.

MUSLOS DE PAVA CON PERAS

SALSAS

FERNAND POINT, ILUSTRE MAESTRO

FRANCÉS DE COCINEROS, DEJÓ ESCRITA

ESTA SUPREMA SENTENCIA:

"EN LA GRAN ORQUESTA DE LA COCINA,

EL SALSERO ES EL SOLISTA".

SALSA SUCULENTA

250 cc de leche desnatada en polvo, 1 cucharadita de agar-agar, 30 g de queso descremado rallado, 1 yema de huevo, 1 cucharadita de margarina vegetal, caldo vegetal, nuez moscada, sal marina.

Se hierve la leche con el agar-agar y el queso rallado. Se sazona con sal, pimienta y nuez moscada. A continuación se incorpora la yema de huevo, antes disuelta en un poco de leche tibia. Se cuece durante unos segundos y se retira del fuego.

TEN EN CUENTA

Siempre que se añada una yema de huevo hay que pasarla otra vez por el fuego, pues de lo contrario se aclararía la salsa.

SALSA DE CHAMPIÑONES

100 g de champiñones, 200 cc de agua mineral con caldo vegetal, 1 cucharadita de margarina vegetal, 1 cucharadita de harina integral, 1 yema de huevo, 50 cc de leche desnatada en polvo, unas gotas de limón, sal marina, pimienta, nuez moscada, 1 cucharadita de perejil picado.

Se corta la raíz de los champiñones y se lavan en abundante agua para que suelten la tierra. Se cortan a láminas y se cuecen durante 3 minutos con unas gotas de limón en un cazo tapado. Se derrite la margarina y se cuece en ella la harina. Seguidamente, se agrega el caldo y se remueve. Se incorporan los champiñones, junto con una tacita de su propio jugo. Se sazona con sal, nuez moscada y pimienta. Por último, se añade la yema de huevo disuelta y se retira del fuego.

TEN EN CUENTA

Esta salsa es idónea para acompañar pescados, verduras, carnes y tomates.

SALSA ROSA

1 vasito de agua, 1 cucharadita de agar-agar, 1 huevo entero, 1 vasito de zumo de tomate natural sin azúcar 100 %, 2 cucharadas de aceite de oliva, 1 ajo, pimienta, caldo vegetal.

Se vierte en el vaso de la batidora el huevo entero, el zumo de tomate, el aceite, la pimienta, una cucharadita de caldo vegetal y el vasito de agua recién hervida con la cucharadita de agar-agar disuelta. A continuación, se tritura todo y se deja enfriar. Cuando la salsa esté fría habrá adquirido una textura gelatinosa y consistente. Se tritura de nuevo con la batidora para obtener una salsa espesa y fina.

TEN EN CUENTA

Esta salsa conviene a pescados, verduras y ensaladas.

SALSA DE SETAS

200 g de robellones frescos o en conserva, 1 cebolla de 180 g, 200 cc de leche en polvo desnatada, 1 cucharadita de aceite de oliva, 1 cucharadita de margarina vegetal, sal marina, pimienta, caldo vegetal.

Se trocea la cebolla y se ablanda con un poco de agua en una sartén. Cuando esté blanda, se añaden la cucharadita de aceite y las setas cortadas a trocitos. Se sofríe todo. Se salpimenta. Cuando se hayan dorado las setas y la cebolla, se pasan por una picadora. Se incorporan de nuevo las setas y la cebolla picadas a la sartén y se añade la leche lentamente. Se deja cocer a fuego lento y, por último, se añaden la cucharadita de margarina y un poco de caldo vegetal.

TEN EN CUENTA

Esta salsa sirve para acompañar carnes, pescados, verduras y pasta de sopa al gluten.

SALSA DE CIGALAS

150 g de cigalas, 250 cc de leche en polvo desnatada, 1 cucharadita de agar-agar, 1 cucharadita de margarita vegetal, unas gotas de limón, sal marina, pimienta, perejil.

Se derrite la margarina y se asan en ella las cigalas, con unas gotas de limón. Cuando estén doradas, se añade una picada de ajo y perejil. Se pelan y reservan las colas. Se hierve la leche con los caparazones de las cigalas, previamente machacadas en un mortero. Se cuela la mezcla. Se hierve de nuevo la leche con el agar-agar y se retira. Por último, se incorporan las colas de cigala cortadas a trocitos y se rectifica la sazón con pimienta y caldo vegetal.

TEN EN CUENTA

Esta salsa puede acompañar pescados, ensaladas y huevos.

SALSA AMERICANA

1/4 de zumo de tomate natural sin azúcar 100 %, 1 cucharada de mostaza, 1 cucharada pequeña de mahonesa, un poco de pimienta negra, caldo vegetal.

Se mezcla todo junto. Puede utilizarse para marisco y pescado.

TEN EN CUENTA

Hay que descontar 10 g de aceite que equivalen a la mahonesa.

SALSA MAHONESA NATURHOUSE

1 huevo, 1 vaso de agua, 1/3 parte de un vaso de aceite de oliva, 1 cucharadita de café de agar-agar, sal marina, unas gotas de limón o vinagre de sidra o un ajo, caldo vegetal.

Se hierve el agua con el agar-agar. Se pone en el vaso de la batidora. Se añaden el huevo entero, el aceite, la sal, el vinagre o el zumo de limón. Se introduce en la batidora hasta el fondo. Se conecta y mantiene quieta hasta que ligue el aceite. Sin pararla se levanta despacio y, cuando llegue arriba, sin que sobresalgan las cuchillas de la mahonesa, se introduce de nuevo rápidamente una o dos veces y la mahonesa estará hecha. Si se desea obtener alioli se pone el ajo en lugar del limón o el vinagre. Una vez fría queda como un flan. Se bate de nuevo y queda espesa y cremosa.

TEN EN CUENTA

Las salsas que contienen huevo se conservan un tiempo limitado: 2 ó 3 días, como máximo, en el frigorífico.

SALSA AL ESTRAGÓN

8 pepinillos, 4 cucharaditas de mostaza al estragón, 1 vaso de leche desnatada, 1 cucharadita de margarina vegetal, caldo vegetal.

Se derrite la margarina en una sartén y se doran los pepinillos troceados. Se les agregan la mostaza removiendo constantemente. Al cabo de unos minutos, se vierte la leche y se continúa removiendo hasta que la salsa se reduzca. Se retira del fuego y se sazona con caldo vegetal.

TEN EN CUENTA

Esta salsa está indicada para acompañar carnes.

SALSA DE ATÚN

1 lata de atún asalmonado, 1 huevo duro, 1 cebollita, 1/4 l de zumo de tomate natural sin azúcar 100 %, 1 cucharada de salsa mahonesa o media de aceite de oliva, 1 cucharadita de caldo vegetal.

Se reduce a la mitad el zumo de tomate y, cuando esté frío, se sazona ligeramente. Se prepara la salsa con zumo de tomate reducido, al que se incorporarán el huevo duro, el atún, la cucharada de salsa mahonesa o la media cucharada de aceite y la cucharadita de caldo vegetal. Se bate la mezcla hasta obtener una salsa homogénea.

TEN EN CUENTA

Con esta salsa se puede acompañar ensaladas, verduras, pescados y tomates.

SALSA ROMESCO NATURHOUSE

1/4 de jugo de tomate natural sin azúcar 100 %, 1 trozo de pimiento verde, 1 cebolla pequeña, 1 diente de ajo, perejil, pimienta, 1 guindilla, 1 cucharadita de aceite de oliva, 1 cucharada de vinagre de sidra, un poco de sal marina, una pizca de caldo vegetal, 2 ñoras.

Se ponen las ñoras en remojo durante 2 horas. Se raspa la pulpa y se pone en el vaso de la batidora eléctrica con todos los demás ingredientes. Se bate.

TEN EN CUENTA

Esta salsa se puede guardar en la nevera durante varios días, debidamente tapada. Sirve para acompañar ensaladas, pescados o verduras.

SALSA ROMESCO NATURHOUSE

SALSA TÁRTARA

1 huevo, 1 vaso de agua, 1/2 vaso de aceite de oliva, 1 cucharadita de café de agar-agar, sal marina, limón o vinagre de sidra, 1 pimiento asado, 50 g de pepinillos, 50 g de alcaparras, 1 rama de perejil, 1 cucharadita de mostaza, pimienta blanca molida, un pellizco de caldo vegetal.

Se hierve el agua con el agar-agar. Se pone en el vaso de la batidora. Se añaden el huevo entero, el aceite, la sal, el zumo de limón o el vinagre, parte del pimiento, la mostaza, la pimienta y el caldo vegetal. Se bate hasta conseguir una masa homogénea. Se pican finamente los pepinillos, el pimiento y el perejil. Se agrega a la salsa. Las alcaparras se añaden enteras.

SALSA DE MANZANA

2 manzanas, 1 corteza de limón, 2 cucharadas de agua, 2 cucharadas de coñac, Pecva líquido, 15 g de margarina vegetal.

Se pelan las manzanas, se les quita el corazón y se cortan a trozos finos. Se ponen a hervir con la piel de limón, el agua y el coñac, durante 10 minutos. Se retira la piel y se tritura con la batidora hasta conseguir una salsa fina y espesa. Se comprueba la acidez y se añaden unas gotas de Pecva líquido si fuera preciso. Se agrega la margarina. Se sirve fría o caliente. (Las manzanas más convenientes son, sin duda, las reinetas, debido a su particular consistencia, que las hace perfectas para el horno o en salsa. También se pueden usar las delicias o golden.)

TEN EN CUENTA

Si esta salsa se consume de una sola vez hay que descontar 1/2 fruta de la ración diaria por persona.

SALSA DE MANZANA

Kitchen

POSTRES

SOMOS LOS ESPAÑOLES GENTES GOLOSAS. SABEMOS APRECIAR Y AMAMOS LOS SABORES DULCES: Y NO ES FORZOSO RENUNCIAR A ELLOS ALIMENTÁNDONOS EQUILIBRADAMENTE.

MANZANAS ASADAS

4 manzanas, 4 cucharadas de coñac, 4 cucharaditas de miel natural.

Se lavan bien las manzanas, se les quita un redondel de la parte superior y con ayuda de un cuchillo se saca el corazón, procurando no romperlas ni agujerearlas. En el hueco central se ponen la miel y el coñac y se tapa con el redondel cortado anteriormente. Se colocan en una fuente resistente al horno en la cual se habrá puesto una taza de agua. Se cuecen a horno medio durante 1 hora. Después se ponen en una fuente de servir.

! TEN EN CUENTA

En lugar de miel natural se puede usar Pecva o mermelada de pocas calorías.

MOUSSE DE NARANJA

1/4 l de zumo de naranja natural sin azúcar 100 %, 2 huevos,
1/2 copa de Cointreau, 1/4 l de agua, 1 cucharadita rasa de agar-agar, Pecva líquido.

Se hierve el Cointreau con el agua durante unos minutos. Se deslíe el agar-agar en unas cucharaditas de agua y se le agregan las yemas de huevo y unas gotas de Pecva. Se hierve todo junto, el Cointreau con agua y la segunda mezcla. Se montan las claras a punto de nieve y se les incorpora lentamente el zumo de naranja procurando que la mezcla sea homogénea. Seguidamente se añade el preparado de agar-agar. Se lleva a cocción y se retira cuando empiece a hervir. Si se retrasa esta última operación, la crema se cortará. Se sirve fría en moldes individuales, adornados con un trocito de naranja.

PASTEL DE QUESO

300 g de requesón, 50 g de harina integral, 3 yemas de huevo, 3 claras de huevo a punto de nieve, 1 vasito pequeño de agua, 2 cucharadas colmadas de leche desnatada en polvo, unas gotas de esencia de limón o el zumo de medio limón, 1/2 sobre de levadura, 1 cucharada de Pecva líquido, aceite de oliva.

En un recipiente hondo se ponen el requesón, la harina, las yemas de huevo, el vasito de agua y la leche. Se mezcla con la batidora. Se montan las claras a punto de nieve (muy firme) con una pizca de sal. Antes de mezclarlas con la masa, se añade a ésta la levadura, se mezcla con la batidora. Se unen a la masa las claras montadas con cuidado (mezclando de abajo arriba). Se pone la esencia de limón y la cucharada de Pecva líquido. Se deja en reposo 10 minutos. Se forra el molde con papel de aluminio, se rocía con aceite de oliva y se vierte la masa en él. Se introduce en el horno ya caliente y se reduce la temperatura a 180°. Se cuece durante 30 minutos. (No es conveniente abrir el horno, ya que al entrar aire frío el pastel baja.) Para saber si está cocido, se pincha y si la aguja saliera mojada se dejará el pastel unos minutos más en el horno. Una vez hecho, se deja enfriar 5 minutos dentro del horno, después se retira y al cabo de unas horas se saca del molde.

TEN EN CUENTA

Desayuno: 80 g de pastel equivalen a 30 g de pan y 60 g de alimento rico en proteínas. Cena: Se tomarán 80 g de pastel y 1 huevo o 60 g del alimento rico en proteínas que se prefiera.

POSTRE ALEMÁN

4 naranjas, 4 yogures naturales descremados, 4 cucharaditas de miel natural.

Se pelan las naranjas y, cortadas a rodajas, se disponen como base en 4 copas. Se agrega un yogurt en cada una y, al servir, se rocía con miel natural. Es un postre frío.

MANZANAS ALEMANAS

4 manzanas golden, 1/2 limón, 2 dedos de agua, Pecva líquido, 1 cucharada de coñac.

Para la crema: 1/2 l de agua, 4 cucharadas de leche desnatada en polvo, 2 yemas de huevo o colorante, canela en rama, 1 cucharadita de café de agar-agar, unas gotas de esencia de limón, Pecva líquido.

Se pelan las manzanas, se les saca el corazón y se frotan con el limón. Se hierve en una cazuela, con dos dedos de agua, el Pecva líquido, el coñac y la cáscara de limón durante 15 minutos. Se deja esta mezcla en una escurridera. Se prepara la crema con la leche, el agua, la canela, las yemas de huevo o el colorante. Una vez hervido (lentamente para que la canela desprenda su sabor) se deslíe el agar-agar en frío y se hierve unos segundos; apagado el fuego, se ponen unas gotas de esencia de limón y Pecva líquido al gusto. Se colocan las manzanas en copas y se cubren con la crema. Se sirven frías.

TEN EN CUENTA

Si se usan las yemas de huevo se deben agregar a la crema en el último instante evitando que la crema alcance el punto de ebullición. De lo contrario se cortaría.

BATIDO DE REQUESÓN

240 g de requesón, 4 vasos (200 cc cada uno) de leche en polvo desnatada, 4 cucharaditas de miel natural, canela en polvo, Pecva líquido.

Se bate el requesón con la miel natural y la leche. Si no fuera lo suficientemente dulce se agregan una gotas de Pecva líquido. Se conserva el batido en la nevera, se sirve en copas y se espolvorea con canela.

TEN EN CUENTA

Este batido aporta 60 g de alimento rico en proteínas por persona. Se puede tomar como postre al mediodía, en la cena o como desayuno.

CORONA DE FRUTA

1 piña natural o una lata de piña sin azúcar, 4 naranjas, 1 limón, 1 barra de canela, 100 cc de agua, 1 cucharada de coñac, 1 cucharadita de agar-agar, Pecva líquido.

Se pelan y trocean 1/2 piña y 2 naranjas. Se ponen en un cazo el agua, la canela, un trozo de piel de naranja, otro de limón y el coñac, se hierve durante 10 minutos. Se añade el agar-agar desleído en frío con un poco de agua y se lleva a ebullición. Se añade el zumo del limón, el de las dos naranjas y el zumo de la otra mitad de la piña licuado. Se mezcla con la fruta troceada y se pone en un molde en forma de corona. Se enfría y se sirve.

CÓCTEL DE MELÓN

1 melón, 1 limón, unas hojitas de hierbabuena, 4 cucharaditas de miel (si se precisa).

Se lava el melón, se parte por la mitad y se retiran las pepitas. Con una cucharadita esférica, se sacan 6 bolitas por persona. Se trocea el resto y se pasa por la licuadora junto con el limón pelado y las hojitas de hierbabuena; de éstas se reservan algunas para adornar. Se mezclan las bolitas con el jugo obtenido. Se comprueba el punto de dulzor. Se agrega un poco de miel natural si fuera necesario. Se sirve muy frío.

TARTA DE FIBRA

100 g de salvado de trigo Redunat Fibra, 1 huevo, 1 vasito de leche desnatada en polvo, el zumo y la raspadura de 1 limón o 3 ó 4 gotas de esencia de limón, 1 cucharadita de margarina vegetal, 1 cucharadita de levadura, Pecva líquido.

Se baten todos los ingredientes. Se deja reposar 10 minutos. Se coloca la masa en un molde cubierto con papel de aluminio. Se cuece al horno ya caliente, a temperatura media, durante 25 minutos. No se abrirá el horno durante este tiempo.

! TEN EN CUENTA

La mitad de esta tarta equivale a 60 g de alimento rico en proteínas. Se puede adornar con media manzana a cuenta de la fruta diaria.

CRÊPES SUZETTE

2 huevos enteros medianos, 1 cucharada sopera de leche en polvo desnatada, 1 cucharada sopera de coñac, 1 cucharada de postre de aceite de oliva, 112 cc de agua, 40 g de harina integral, una pizca de sal marina, unas gotas de Pecva líquido.
Para el relleno: 2 manzanas, 1/2 limón, 200 cc de agua, 2 cucharadas de postre de agar-agar, Pecva líquido al gusto.

Con la batidora eléctrica se mezclan todos los ingredientes para hacer la pasta de las crêpes. Se deja reposar la mezcla en la parte baja de la nevera durante 2 horas. Pasado este tiempo, se confeccionan las crêpes una a una. Se calienta una gota de aceite en una sartén (de 18 cm), se ponen 2 ó 3 cucharadas de pasta en la sartén hasta cubrir la base. Después de unos segundos se levanta con un tenedor la punta de la crêpe y se le da la vuelta con los dedos. Se apilan en un plato una encima de la otra.
Para preparar el relleno, se ponen en una cazuela pequeña las dos manzanas troceadas más el 1/2 limón partido en dos (con la piel). Se hierve durante 10 minutos. Se deslíe el agar-agar en frío y se añade a la cazuela para que hierva junto con la manzana unos minutos más. Se sacan las cáscaras del limón y se tritura el resto (agua y la manzana) y se deja enfriar. Una vez frío habrá quedado como un flan; entonces se pone en un plato y se chafa con un tenedor. Se reparte en 8 partes y se rellenan las crêpes. Se cubren con un poco de coñac y al servirlas se flamean.

NARANJAS RELLENAS

4 naranjas de piel gruesa, el zumo de un limón, 2 yogures descremados, 1 vasito de agua, 1 cucharadita de agar-agar, Pecva líquido,1 yogur descremado para adornar.

Se corta la parte superior de las naranjas. Se vacían con una cuchara procurando no romper la piel. Con unas tijeras se hacen picos en los bordes. Se pasa la pulpa obtenida por la licuadora. Se deslíe el agar-agar en el vasito de agua. Se lleva a ebullición con una parte del jugo de naranja obtenido. Una vez hervido, se mezcla con el resto del zumo de naranja, el del limón, los 2 yogures y se pone Pecva al gusto. Se rellenan las naranjas y se enfrían en el frigorífico. En el momento de servirlas se pone una cucharada de yogur y el redondel cortado anteriormente.

ESPUMA DE CAFÉ

8 cucharaditas de café soluble, 800 cc de agua mineral, 2 yemas de huevo, 4 cucharadas de leche desnatada en polvo, 2 claras montadas a punto de nieve, Pecva líquido al gusto.

Se disuelven el café y la leche con el agua. Se baten las yemas junto con la Pecva líquido. Se montan las claras a punto de nieve. Se mezcla todo en una jarra. Se sirve muy frío en copas.

GELATINA DE FRESONES

1/4 l de zumo de naranja natural sin azúcar 100 %, 1/4 l de agua, 1/4 kg de fresones, 1 cucharadita de agar-agar, Pecva líquido.

Se lavan y trocean los fresones y se reservan algunos para adornar. Se hierve el agua con el agar-agar durante unos segundos. Se mezcla el zumo de naranjas con fresones troceados y Pecva líquido al gusto. Se coloca en un molde y se adorna con los fresones que se han reservado.

FLAN DIETÉTICO

2 manzanas, 1 naranja, 1 zanahoria, 1 limón, 2 cucharaditas de café de agar-agar, 1 cucharada sopera de coñac, Pecva líquido, agua.

Se trocea la zanahoria y se hierve con agua y el coñac durante 20 minutos. Se añaden las manzanas ralladas y se dejan cocer 5 minutos. Seguidamente se deslía el agar-agar con un poco de agua fría y se lleva a ebullición. Se agrega el zumo de limón y se completa con el agua hasta obtener 1 l. Se endulza con Pecva según el gusto. Téngase en cuenta que al enfriarse pierde dulzor. Se coloca el flan en un molde grande, en el cual se habrán puesto unas rodajas de naranja cortadas con piel y muy finas, para que al darle la vuelta quede bien presentado.

ARROZ CON LECHE

1l de agua, 8 cucharadas de leche desnatada en polvo, 100 g de arroz, 1 barrita de canela, canela en polvo, 1 limón, Pecva líquido.

Se pone el arroz al fuego con medio litro de agua. Se hierve durante 5 minutos. Se escurre en un colador y se coloca de nuevo en la cazuela. Se añaden la leche hirviendo, la barrita de canela y la peladura de limón. Se deja hervir lentamente por espacio de 1/2 hora. Se adiciona la Pecva líquido 5 minutos antes de terminar la cocción. Se vierte en una fuente y se deja enfriar. Se espolvorea con canela en polvo.

DELICIAS DE LIMÓN

4 yogures naturales descremados, 4 recipientes de yogur llenos de agua,
4 cucharadas colmadas de leche desnatada en polvo, el zumo y la ralladura de 2 limones,
2 cucharaditas de miel natural, Pecva líquido al gusto,
1/2 limón cortado a rodajas para adornar.

Se vierte cada yogur en un bol. Se pone una cucharada de leche en cada uno, se llenan de agua y se remueven. Se raspan los limones con un rallador fino. Se licúan. Se mezclan todos los ingredientes, se agrega miel natural y Pecva líquido si fuera necesario. Se conserva en el frigorífico hasta el momento de servir. Se presenta en copas con una rodajita de limón en el borde.

CREMA CATALANA NATURHOUSE

1 litro de agua, 8 cucharadas soperas de leche en polvo desnatada, 1 barrita de canela, la piel de 1 limón, 6 huevos, 2 cucharaditas de agar-agar, Pecva líquido, 4 cucharadas de miel natural.

Se hierve el agua con la leche, la canela y la piel de limón a fuego lento. Se baten las yemas de huevo con el agar-agar y el Pecva, hasta que el huevo quede esponjoso. Se le añade un poco de la leche antes hervida y se remueve. Se sacan la canela y el limón de la leche hervida, se une con la masa de los huevos y se calienta al fuego removiendo constantemente. Se retira antes de que hierva, para evitar que se corte. Se coloca en moldes individuales. Unos instantes antes de servirla, se pone la miel y se quema. También se puede servir espolvoreada con canela en polvo.

NATILLAS NATURHOUSE

1/2 l de agua, 4 cucharadas soperas de leche desnatada en polvo, 1 barrita de canela, la corteza de 1 limón o 6 gotas de esencia de limón, Pecva líquido, 1 yema de huevo, 1 cucharadita de postre de agar-agar.

Se hierven el agua, la leche, la canela y la corteza de limón, a fuego lento, durante unos minutos. Se bate la yema de huevo, el edulcorante y el agar-agar con un poco de leche. Se añade a la mezcla anterior y se lleva a ebullición. Se reparte en moldes individuales y se enfría. Cuando esté frío cuajará la mezcla.

FLAN DE PIÑA

1 lata de piña natural de 1 kg, 1/4 l de zumo de naranja natural sin azúcar 100 %, 2 cucharaditas de postre rasas de agar-agar, Pecva líquido al gusto, 1 guinda.

Se pasan las rodajas de piña por una maquinilla de trinchar y se reserva una para adornar. Se pone a hervir el zumo de naranja con el agar-agar durante unos segundos. Se mezcla con la pulpa de la piña y el zumo de ésta. Se endulza ligeramente con Pecva líquido. Se coloca la rodaja reservada en el fondo de un molde, se vierte encima la fruta y se deja enfriar sin removerlo. Se refresca en el frigorífico si se desea. Se le da la vuelta y se adorna con una guinda.

TEN EN CUENTA

Aquí, 120 g de flan sustituyen a una pieza de fruta.

BIZCOCHO INTEGRAL

100 g de salvado de trigo Redunat Fibra, 50 g de harina integral, 3 huevos, 1 yogur natural descremado, 1 medida de yogur de leche desnatada en polvo, unas gotas de esencia de limón o raspadura de limón, 2 cucharadas de Pecva líquido, 1 cucharadita de margarina, 1 cucharadita de levadura, 1 cucharada de miel natural.

En un recipiente se baten todos los ingredientes con la varilla eléctrica, excepto la levadura y la miel. Seguidamente se añade la levadura y se vuelve a mezclar. Se deja en reposo la papilla durante 10 minutos. Se forra un molde, de 20 cm de diámetro, con papel de aluminio y se vierte en él toda la masa. Se introduce en el horno ya caliente y se mantiene a temperatura media durante 30 a 35 minutos. No se abrirá el horno durante la cocción a fin de que el bizcocho suba. Se comprueba el punto de cocción al final, pinchándolo con una varilla de metal. Una vez frío, se saca del molde y se cubre con la miel.

TEN EN CUENTA

Este bizcocho, preparado con las proporciones indicadas, debe pesar 600 g. Una porción de 100 g contiene 30 g de alimento rico en proteínas. Se puede tomar en el desayuno o en la cena sustituyendo al pan.

HELADO DE NARANJA

4 naranjas, 8 cucharaditas de mermelada de albaricoque sin azúcar natural, 1 yogur descremado, 1 cucharadita de miel.

Se pelan las naranjas, se trocean y se mezclan con la mermelada y el yogur. Se les echa por encima la cucharadita de miel y luego se introducen en el congelador.

SORBETE DE HIERBABUENA

1/2 l de agua, 1 manojo de hierbabuena, 1 vasito de zumo de limón, 1 cucharadita de postre de agar-agar, Pecva líquido al gusto, hojitas de hierbabuena para adornar.

Se hierve un manojo de hierbabuena con agua y edulcorante durante 10 minutos. Se deja reposar 2 horas y se cuela. Se deslíe el agar-agar con un poco de agua fría y se hierve la disolución. Se añade el zumo de limón y se rectifica con edulcorante si fuera preciso. Se enfría. Cuando esté frío se bate la mezcla. Se introduce en el congelador y se remueve cada 1/2 hora para que no cristalice. Se sirve en copa con unas hojitas de hierbabuena.

COMPOTA DE PERAS

4 peras, 1 corteza de limón, 1 barrita de canela, 1 vaso de vino tinto, 1 vaso de agua, Pecva líquido.

Se pelan las peras y se ponen en una cazuela enteras, cubiertas con el agua y el vino. Se añaden la canela y la piel de limón. Se deja cocer a fuego lento 1/2 hora. Se endulza con Pecva líquido. Se deja enfriar y se sirve con un trozo de piel de limón.

BOLITAS DE ZANAHORIA

360 g de zanahoria, 1 limón, 2 cucharaditas colmadas de agar-agar, Pecva líquido al gusto.

Se raspan, trocean y hierven las zanahorias en agua. Cuando estén tiernas se añade el agar-agar disuelto en un poco de agua fría y se lleva a ebullición. Se endulza al gusto. Se añade el zumo de limón. Se trituran las zanahorias con el agua resultante de haberlas hervido, que no debe ser superior a la capacidad de un vaso. Se deja enfriar y, una vez cuajada, se forma una pasta con el tenedor. Con esta pasta se confeccionan bolitas, que se dejan en el frigorífico hasta el momento de servirlas.

TEN EN CUENTA

Este postre contiene 90 g de verdura controlada por persona.

PASTEL DE ZANAHORIAS

480 g de zanahoria rallada, 4 naranjas, 2 limones, 1 vasito de agua, 2 cucharaditas de postre rasas de agar-agar, Pecva líquido al gusto.

Se raspan y rallan las zanahorias. Se exprimen las naranjas y los limones. Se lava la pulpa con el vasito de agua y se deslíe allí al agar-agar. Se mezcla todo y se lleva a ebullición. Se pone edulcorante al gusto y se vierte en un molde. Se enfría. Preparado así, este postre queda muy natural. Si se desea más blando se hace hervir la zanahoria 20 minutos.

TEN EN CUENTA

Al mediodía se puede tomar 1/4 parte de este postre por persona, suprimiendo la verdura controlada y la fruta.

PASTEL DE ZANAHORIAS